안전하게
로그아웃

안전하게 로그아웃

김수아 지음

**디지털
시민을 위한
미디어
리터러시**

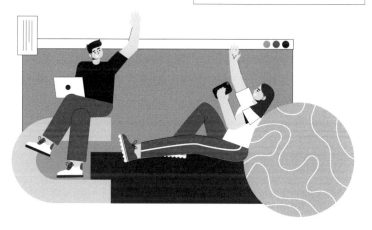

창비

　이 책의 모든 문장을 디지털 세계에서 연결된 모든 청소년과 함께 읽고 싶다. 청소년이 아닌 사람에게도, 아직 디지털 세계에 본격적으로 진입하지 않은 이들에게도 책 속의 모든 문장을 읽어 주고 싶다. 모든 동료 시민이 읽어야 할 필독서다. 미디어를 완전히 벗어나서, 전혀 무관하게 살 수 있는 사람이 있다면 그 사람은 이 책을 읽지 않아도 좋다.

　『안전하게 로그아웃』에는 디지털 미디어와 함께 살아가는 사람이 느낄 수 있는 수많은 불안에 대한 가장 기본적이면서도 명확한 대응 방법이 담겨 있다. 24시간 온라인에 접속하며 살아가는 청소년들의 삶이지만 그들이 이 책을 읽고 있다면 크게 안심이 될 것이다. "요즘 청소년들이 하는 말은 무슨 말인지 못 알아듣겠어."라는 생각이 드는 성인에게도 모바일에 접속하기 전에 이 책에 먼저 로

그인하라고 알려드리고 싶다. 읽기만 해도 이해의 폭이 넓어지는, 오늘의 청소년을 이해하기 위한 미디어 리터러시 지침서이기 때문이다.

배우면 훨씬 쉬워지고 안전해지는 세계가 있다. 혐오와 차별이 만연하기 쉬운 미디어 환경 안에서 공격받기 쉽고 위협당하거나 차별받기 쉬운 청소년과 소수자, 미디어 취약 계층에게 이 책이 강력한 보호 장치가 되어 주리라 믿는다. 우리가 함께 이 책을 읽는다면 더욱 평등하고 자유로운 환경에서, 서로 존중하는 동료 시민으로 다시 만날 수 있다.

김지은 (아동청소년문학평론가)

지금 우리는 미디어가 빠진 일상을 상상하기 어려운 시대를 살고 있습니다. 아주 어렸을 때부터 온라인과 오프라인이 어우러지는 삶을 살아 나가고 있는 어린이 청소년도 마찬가지겠지요. 미디어 공간에는 즐거운 일도 많지만 때로 위험한 일도 있습니다. 이 책은 미디어 공간에서 생활할 때 무엇을 고려해야 하는지, 미디어 공간은 왜 이런 특징을 지니게 되었는지 전문적이고도 친절하게 하나하나 짚어 줍니다. 현재 미디어와 관련하여 문제가 되고 있는 현상들을 드러내는 데 그치지 않고, 이런 현상이 나타나게 된 미디어와 문화 변화의 맥락을 전문가의 시각으로 보여 주어 더욱 의미가 깊습니다.

미디어 환경에서 책임감 있게 잘 소통하는 능력을 의미하는 미디어 리터러시는 미디어에 대한 지식을 전달함으로써 함양되는 것이 아니라, 미디어를 기반으로 한 우리의 삶에 대해 성찰할 수 있는 잣대를 얻음으로써 키워지는 것이라 생각합니다. 그런 점에서 김수아 교수의 『안전하게 로그아웃』은 어린이 청소년을 위한 중요한 미디어 리터러시 지침서이자, 기성세대가 어린이 청소년의 미디어 문화를 이해할 수 있게 하는 소통의 출발점이 될 것입니다.

김아미 (미디어교육학 박사, 경인교대 미디어리터러시연구소)

2020년 미국 대통령 선거 당시, 민주당의 조 바이든 선거 캠프는 닌텐도 게임인 「모여봐요 동물의 숲」에서 선거 운동을 했습니다. 지지자들이 게임 속 자신의 집 앞에 조 바이든을 지지한다는 내용의 간판을 설치할 수 있게 했지요. 또 최근 국내 엔터테인먼트 업체들은 3차원 가상 세계 플랫폼 '제페토'를 통해 다양한 케이 팝 콘텐츠를 내놓고 있습니다. 인기 아이돌 그룹 블랙핑크는 이곳에서 팬 사인회를 열었어요. 이 책을 읽는 청소년 여러분 중에도 제페토에서 팬 활동을 하는 분이 있을지 모르겠네요.

이처럼 지금 우리에게 온라인 공간은 현실과 분리하는 것이 거의 불가능한 곳이 되었습니다. 우리는 온라인 공간에서 살아가고 있다고 해도 과언이 아니지요.

온라인 문화에 대해 장밋빛 미래를 그리는 사람들이 많습니다.

4차 산업 혁명, AI 로봇 등의 기술로 우리 삶이 근본적으로 달라질 것이라고 이야기하지요. 세상을 떠난 예술가가 AI로 되살아나 노래하는 모습을 보고, 오늘 해야 할 일을 냉장고가 알려 주는 풍경을 보면 정말로 신기하고 행복한 세상을 기대하게 됩니다.

이런 상황에서 이 책의 제목 '안전하게 로그아웃'은 온라인에서 무엇을 하지 말라는 식의 진부한 이야기를 꺼내려는 것처럼 보일지도 모르겠습니다. 그런 재미없는 이야기를 하려는 것은 결코 아닙니다. 다만 멋진 세계를 만드는 주체는 단지 기술이 아니라 우리들 한 사람 한 사람이며, 그래서 우리가 지금부터 열심히 생각해 보고 실천해 보아야 하는 일이 있다는 사실을 말하고자 합니다.

이 책에서는 제목처럼 '디지털 안전'을 특별히 강조합니다. 우리의 삶은 온라인과 긴밀하게 연결되어 있기 때문에, 청소년들이 이 공간에서 활동하려면 무엇보다 안전해야 합니다. 물론 그 일차적인 책임은 어른들에게 있지요. 미디어 기업들이 더욱 노력해야 하며, 법과 제도도 정비해야 합니다. 여기에 디지털 시민으로서 청소년들이 할 일도 있습니다. 디지털 미디어의 특성이 무엇인지를 알고, 어떻게 이 공간에서 즐겁고 안전하게 살아갈 수 있을지 생각해 보는 것입니다. 그래서 이 책에서는 디지털 미디어의 다양한 특성을 자세히 분석해 보았습니다.

온라인 공간이 가진 비대면이라는 특성은 다른 사람들의 삶을 잘 상상하지 못하게 만듭니다. '모니터 뒤에 사람이 있다'는 것을 생각하기 어렵게 하지요. 그렇기에 온라인으로 연결된 사람들을 존중하려면 더욱 열심히 노력해야 합니다. 그런 존중과 배려는 결국 온라인 공간을 더 안전한 곳으로 만들 거예요. 안전과 존중은 함께 가는 것이니까요.

나와 내 친구의 안전하고 즐거운 디지털 미디어 생활을 위해서는 무엇을 알면 좋을까요? 이 책에는 온라인에서 관계를 맺고 타인과 함께 살아가기 위해 필요한 이야기들이 담겨 있습니다. 오늘은 왠지 SNS를 들여다보기 피곤하다면 왜 그럴까요? 그럼에도 불구하고 또 접속하고 말았다면, 그건 또 왜 그럴까요? 기어이 접속해서 연결되었을 때 먼저 머릿속에 무엇을 떠올리면 좋을까요? 이런 여러 질문에 대해 생각해 보는 기회가 되었으면 합니다.

책에 필요한 제언을 해 주고, 흥미로운 일러스트를 꾸려 준 창비 청소년출판부에 감사드립니다. 이러한 노고와 격려에 힘입어, 이 책이 청소년 여러분에게 그저 잔소리로 남지 않았으면 하는 마음을 담아 봅니다.

2021년 6월
김수아

1부

오늘도
로그인했습니다

1. 더 이상 가상 공간이 아닌 곳

인터넷 문화가 막 발달하기 시작하던 무렵인 1993년, 미국 잡지 『뉴요커』에는 컴퓨터 앞에 앉은 개의 그림이 실렸습니다. "인터넷에서는 네가 개인지 아무도 몰라."라는 한마디와 함께요. 이 그림은 상대방이 누구인지 명확하게 드러나지 않는 온라인 공간의 '익명성'이라는 특징을 재미있게 보여 주며 화제를 모았습니다.

이 그림은 온라인 공간의 또 다른 특징도 드러냈습니다. 익명성을 통해 온라인 공간에서는 현실과 다른 나의 모습을 연기할 수 있다는 사실이지요. 누구나, 심지어는 개도 온라인 공간에 참여할 수 있다는 기대를 갖게 했습니다.

여러분은 '가상 공간'cyber space이라는 말을 들어 보았나요? 1980년대부터 2000년대 초반까지 미디어를 연구하는 학자들은 네트워크로 연결된 세상을 가상 공간이라는 이름으로 불렀습니다. 왜 '가

익명성은 초창기 온라인 공간의 중요한 특징이었다.

상'이라고 표현했을까요? 그 공간이 우리가 숨 쉬고 먹고 마시는 현실과는 다른 곳이라고 생각했기 때문입니다. 온라인 공간은 '가짜' 공간이며 현실과는 다르게 만들어졌다고 여겼지요.

　나아가 사람들은 온라인상의 '나'를 현실의 나와 다른 존재로 인식했어요. 2020년대를 살아가는 여러분은 어떤가요? 인스타그램 속의 나와 현실의 나는 다른 존재라고 생각하나요? 그렇게 생각하는 사람은 많지 않을 거예요. 하지만 불과 몇십 년 전만 해도 온라인 세상에 대한 사람들의 생각은 사뭇 달랐답니다.

멀고 낯선, 현실과는 다른 공간

1990년대에 학자들은 사람들이 온라인상에서 자신의 성별을 바꾸는 현상을 흥미롭게 보고 연구했어요. 초기의 온라인 공간은 현실의 나와 완전히 분리된 정체성을 유지하는 것이 가능한 곳이었거든요. 지금처럼 온라인 공간이면서 어느 정도 현실과 연계되어 있는 카카오톡이나 페이스북, 인스타그램 등의 소셜 네트워크 서비스SNS는 존재하지 않았을 때입니다. 물론 지금도 온라인상에서 여성인 척하는 남성, 남성인 척하는 여성은 있어요. 하지만 요즘 사람들은 그런 사실에 전처럼 큰 충격을 받지는 않습니다. 이미 많이 본 일들이니까요.

현실의 나는 남성이지만, 온라인상의 나는 여성일 수 있는 것. 온라인과 현실은 서로 다른 어떤 것이라는 생각은 상당히 오랜 기간 우리의 인식 속에 있었습니다.

어쩌면 기술과 매체 자체가 주는 감각의 차이가 영향을 미쳤을지도 모릅니다. 과거에는 네트워크에 접속하는 방식이 지금처럼 간단하지 않았거든요. PC 통신 또한 지금의 인터넷과는 달랐고요. PC 통신은 지금처럼 인터넷이 널리 보급되기 이전에 사용되었던 통신 방식으로, 특정 통신 회사가 제공하는 통신망을 설치한 가입자들끼리만 연결되는 네트워크입니다. PC 통신에 접속하려면 우선 특정한 장소와 장치가 필요했습니다. 지금처럼 걸어 다니거나 버스 안에 앉아 있는 동안에는 불가능했고 컴퓨터가 설치된 방에

들어가야 했어요. 또 PC 통신에 접속하려면 현실의 전화를 끊어야 했습니다. 전화선으로 PC 통신에 접속했거든요. 따라서 PC 통신이 연결되어 있는 동안은 전화를 쓸 수 없었습니다. 적어도 그 시간에는 외부 세상과 어느 정도 단절되지요.

PC 통신에 접속하기 위해 기다리는 시간도 비교적 길었습니다. 기다리는 동안 모니터에 나타나는 파란 화면과 그 안의 깜박이는 흰색 커서. 이런 이미지 자체가 다른 세계로 이동한다는 느낌을 주기에 충분했지요. 게다가 PC 통신에서 만나는 사람들은 현실의 친구들이 아니었습니다. 사는 지역도, 나이도 다른 낯선 사람일 확률이 높았어요.

현실의 지인 대신 낯선 사람들과 교류하게 되었던 것은 PC 통신에 접속할 수 있는 사람이 소수였기 때문입니다. 이 당시에는 휴대 전화가 드물었고, 각 집마다 온 가족이 함께 사용하는 전화기만 한 대 있는 것이 일반적이었습니다. PC 통신에 접속하는 동안에는 이 전화기를 쓸 수 없으니 다른 가족들의 눈치를 봐야 했지요. 그러니 누구나 쉽게 PC 통신을 할 수는 없었어요.

게다가 비용도 만만치 않았습니다. 컴퓨터 자체도 비쌌고, 통신비도 비쌌어요. 어른들에게 물어 보면 게임을 하거나 자료를 다운로드 하다가 한 달 통신 요금이 10만 원 가까이 나왔다는 PC 통신 추억담을 들을 수 있을 거예요. 지금처럼 '인터넷 무제한 정액 요금제' 같은 것이 없는 시대였거든요. 1990년대 당시 10만 원을 2020년 소비자 물가 지수로 환산해 보면 19만 원 정도 됩니다. 이렇게 큰 비용을 매달 부담할 수 있는 사람은 많지 않았겠지요? 이런 탓에 당시의 온라인 공간은 소수의 사람들만 연결되어 있던, 들어가기도 복잡하고 비용도 많이 드는 공간이었습니다. 멀게만 느껴지는 그곳은, 그래서 '가상'의 어떤 곳이었지요.

가상 공간을 향한 기대

현실과는 다른 공간으로서 가상 공간은 사람들의 기대를 많이 받았습니다. 긍정적인 전망 중 하나는 민주주의의 발전과 관련된 것이었지요. 특히 현실 세계에서의 차별이 온라인 세계에서는 사라질 것이라는 희망이 넘실대는 시기가 있었습니다.

여러분은 혹시 나이가 어리다는 이유로 무시당한 경험이 있나요? 오프라인 세계에서는 누군가의 말이 그 사람이 지닌 특성에 따라 다르게 받아들여지기도 합니다. 그런데 그때 상상되던 인터넷 세계는 차별 요소들이 전혀 존재할 수 없는 공간이었습니다. 인터넷에서는 너도, 나도 아이디와 닉네임으로만 존재하니까요. 말을 하는 상대가 몇 살인지, 직업은 무엇인지 알 수 없지요. 하지만 이런 장밋빛 전망은 오래가지 못했습니다. 사람들이 온라인 공간에서 아이디로 존재하는 것은 맞지만 말투와 쓰는 단어에서 성별이나 계급, 인종이 드러나기 마련이었거든요. 결국 현실의 차별은 인터넷 세계에서 그대로 반복되었어요.

가상과 현실, 희미해지는 경계

어떤가요, 초기 온라인 공간에 대한 사람들의 생각은 지금 여러분이 인터넷이라고 할 때 떠올리는 생각과 많이 다르지요? 적어도 여러분은 인터넷이 일상생활과 별개인 공간이라고 생각하지는 않을 거예요. 접속하려면 특정한 장소에 가야 하고 별도로 시간을 내야 하는, 소수를 위한 공간이라고 생각하지도 않을 테고요.

이런 변화에는 모바일 네트워크 기술의 발달, 쉽게 말해 '스마트폰'이 가장 큰 역할을 했습니다. 지금 우리는 한 손에 잡히는 기계 하나를 이리저리 만지면 네트워크 안으로 들어갈 수 있습니다. 일상의 많은 일을 온라인을 통해서, 디지털 네트워크를 통해서 하게 되었고요. 이러한 생활의 변화가 온라인 공간에 대한 우리의 생각을 바꾸어 놓았습니다.

'유비쿼터스ubiquitous'라는 말을 들어 보았나요? 2006년에 정부가 대한민국의 비전이라고 선포하면서 널리 알려진 말입니다. 유비쿼터스하다는 것은 어디에나 흔하게 있다는 의미입니다. 우리 생활 곳곳에 정보 통신 관련 기술이 존재하고 있어서 언제나, 어디서나 손쉽게 네트워크에 접속할 수 있는 상황을 말하지요. 사람뿐만 아니라 동식물, 도로, 건물, 사물 등도 네트워크에 접속하도록 해 정보를 교환할 수 있습니다. 지금 우리가 사는 환경이 바로 유비쿼터스한 환경이지요.

아주 간단하게 예를 들어 볼게요. 요즘은 정류장에서 버스가 언제 오나 막연히 기다리지 않습니다. 정류장의 안내판이나 스마트폰을 통해 버스가 몇 정거장 전에 있고, 몇 분을 기다리면 되는지를 알 수 있기 때문이지요. 이는 버스, 정류장의 안내판, 스마트폰이 서로 정보를 교환하고 있는 덕분이에요.

온라인 공간과 현실 공간을 분리하는 일은 점차 불가능해지고 있습니다. 스마트폰을 통해 온라인에 접속해 버스 도착 정보를 조회하는 중인 나는 온라인 공간에 있으면서 동시에 오프라인 공간에도 있으니까요. '포켓몬고' 같은 게임을 생각해 볼까요? 길을 걸어 다니면서 현실의 특정 장소에 가서, 스마트폰 속 포켓몬을 잡는 이 게임은 온라인 게임이면서 오프라인 게임입니다. 이렇듯 온라인과 오프라인의 경계는 점차 희미해지고 있어요.

이런 환경 덕분에 '가상의 나'라는 것이 만들어질 틈이 좁아지고 있습니다. 카카오톡, 페이스북 같은 곳에서도 사람들은 실명으로 활동하고, 현실의 친구들과 소통하지요. 스마트폰 너머의 상대방은 이제 진짜라는 느낌 속에서 의미를 지닙니다.

동시에 지금의 온라인 공간 속 악성 댓글들을 떠올리면 생각해 볼 것이 많아집니다. 어떤 사람들은 상대의 얼굴 앞에서는 하지 못할 말을 온라인에서 거리낌 없이 합니다. 심지어 실명을 사용하는 페이스북에서도 다른 사람에게 거친 욕설을 퍼부어요. 가상과 현실의 경계가 흐려지고 있는 상황은 분명하지만, 온라인에서 하는 일은 오프라인과 다르다는 생각도 여전한 것이지요.

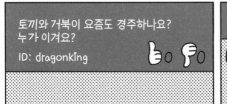

토끼와 거북이 요즘도 경주하나요?
누가 이겨요?

ID: dragonking

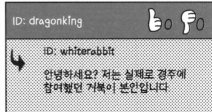

ID: dragonking

ID: whiterabbit

안녕하세요? 저는 실제로 경주에
참여했던 거북이 본인입니다

타닥 타닥

토끼야, 내 노트북으로 뭐 해?

아… 아니.

…잠깐?

내가 너한테 달리기를 졌다고?

게다가 거짓말을 했다고?

나도 명색이 토끼인데… 소문이 너무 퍼져서 창피하다고…

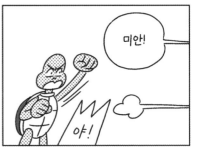

미안!

야!

거기 서!

엉금

잡히기만 해!

엉금 엉금

엉금 엉금

2. 늘 어딘가에 연결되어 있다

단체 채팅방에 모인 지인들끼리 나눈 누군가를 모욕하는 대화, 성희롱하는 말 등이 밖으로 알려지는 일이 종종 있습니다. 대화 내용이 심각한 경우 법적 처벌로 이어지기도 합니다. 그런데 이런 사건들은 어떻게 알려지는 걸까요? 채팅방에 참여한 사람이 이를 밝혀서 알려지기도 하지만, 컴퓨터를 빌려주었다가 타인의 눈에 띄게 된 경우도 적지 않다고 합니다. 카카오톡 등의 SNS에 항상 로그인되어 있는 사람이 많기 때문에 일어나는 일이지요.

저는 대학교에서 학생들을 가르치는데 수업 시간에 노트북으로 수업 내용을 정리하는 학생이 많아요. 그렇게 노트북을 켜 놓은 학생 대부분은 카카오톡에 접속해 있습니다. 이처럼 온라인 접속이란 더 이상 특별한 일이 아닙니다. 사람들이 가지고 다니는 디지털 기계도 스마트폰, 태블릿 PC, 노트북 등 다양하다 보니 이제 접속은 일상이 되었습니다.

그런데 이를 가능하게 만든 기술적 변화를 우려하는 목소리도 있습니다. 인간과 인간, 인간과 환경이 언제나 연결될 수 있는 상황을 걱정하는 것이지요. 미국의 공학자 윌리엄 데이비도우는 이를 '과잉 연결overconnected의 시대'라고 표현했습니다. '과잉 연결'이란 일상적 커뮤니케이션이 인터넷을 통해 이루어질 뿐 아니라, 정치와 금융 같은 인간의 모든 활동이 연결되어 서로 밀접하게 영향을 주는 현실을 뜻합니다. 데이비도우는 그것이 문제가 될 수 있다는 의미로 '과잉'으로 연결되었다는 표현을 썼지요.

일일이 기록되는 사생활

데이비도우가 말한 과잉 연결은 인터넷 시대 사생활 침해와 연관 지어 생각해 볼 수 있습니다. 요즘은 신용 카드로 버스와 지하철 요금을 내는 일이 많은데요, 그 경우 내가 하루 종일 어디에 들르는지, 또 얼마나 이동하는지가 신용 카드 회사에 다 기록되는 셈입니다.

친구들과 나누는 대화는 또 어떤가요? 한 메신저 서비스의 경우 이용자들의 대화 내용을 회사 서버에 저장해서 사생활 침해 논란이 일기도 했습니다. 때로는 의식하지 못한 채 사생활 정보를 제공하게 됩니다. 하나의 예로 모바일 게임 '포켓몬고'에서는 친구 관계가 되면 선물을 주고받을 수 있는데 선물에는 친구가 그 선물을 어느 장소에서 구했는지가 표기됩니다. 이를 보면 게임 친구가 주로 어느 지역에서 포켓몬고를 하는지 알 수 있는 것입니다. 이렇듯 일상이 네트워크와 항상 연결되어 있는 탓에, 개인의 사생활에 관한 정보도 네트워크에 일일이 기록되고 있습니다.

2020년, 신종 코로나바이러스 감염증(코로나19)이 전 세계적으로 확산되었습니다. 우리나라는 여러 방역 조치를 통해 비교적 잘 대처해 다른 나라들로부터 놀랍다는 시선을 받기도 했습니다. 방역의 비결 중 하나는 빠르게 확진자를 추적할 수 있는 시스템이었습니다. 이는 정부가 신용 카드 사용 내역 등 개인 사생활에 광범위하게 접근할 수 있었기에 가능했지요. 이로 인해 우리나라가 좀 더 안전해진 것은 사실이지만, 한편으로는 사생활이 지나치게 침해되는 것이 아니냐는 우려도 불러일으켰습니다.

꼭 사생활 문제가 아니더라도 연결이 많아지는 것 자체로 사람들은 두려움과 피로감을 느끼기도 합니다. 특히 직장인들은 일과 여가가 분리되지 않는 상황을 곤란하게 여깁니다. 혹시 여러분 주변의 어른들이 늦은 저녁이나 주말에 일과 관련된 연락을 받는 모습을 본 적이 있나요? 우리나라 노동자의 70% 이상이 업무 시간이 아닌데 문자, 카카오톡 등을 통해 업무 지시를 받아 본 경험이 있다고 합니다.[1] 학교 선생님들도 비슷한 고충을 겪고 있어요. 2018년 한국교원단체총연합회에서 실시한 설문 조사에서는 90% 가까이 되는 교사가 업무 시간 외에도 전화, 문자, 카카오톡 메시지를 받고 있다고 답했어요. 언제 어디서나 연결될 수 있는 탓에 일과 여가가 분리되지 않는 난감한 상황이 새롭게 생겨난 것입니다.

사실상 부재중

스마트폰 때문에 가족과의 대화가 사라졌다면서 걱정하는 목소리를 들어 본 적이 있나요? 가족들이 함께 식당을 찾아 외식을 하는데도 각자 스마트폰만 보느라 대화가 없는 경우를 종종 볼 수 있습니다. 사실 이런 풍경은 이제는 매우 흔해요. 친구들끼리 만났을 때에도 일어나는 일이지요. 이를 표현하는 퍼빙phubbing이라는 신조어가 생겨날 정도예요. 퍼빙은 전화기phone와 무시를 뜻하는 스너빙snubbing을 합친 단어로, 상대와 대화하는 중에 스마트폰을 보는 행동을 말합니다.

미국의 심리학자 셰리 터클은 네트워크에서 항상 연결되어 있는 사람들은, 정작 현실에서는 부재중이라고 설명합니다. 쉽게 말해 공항, 카페, 지하철에서 통화 중이거나 스마트폰을 보고 있는 사람들은 그 장소에서 없는 것과 마찬가지라는 뜻입니다. 아니면 반대로 그 장소에 다른 사람이 없는 것으로 취급하거나요. 지하철이나 버스 등 공공장소에 있다 보면 우연히 다른 이의 비밀을 알게 되어 깜짝 놀랄 때가 있습니다. 전화 통화를 하면서 그 공간에 존재하는 다른 사람들을 생각하지 않는 이들이 있기 때문입니다. 최근에는 지하철 안의 인쇄 광고가 점차 사라지는 추세라고 합니다. 모두가 스마트폰에 집중하느라 지하철 내부를 둘러보지 않기 때문에 광고 효과가 떨어진 탓입니다. 몸은 지하철에 있지만 사실상 부재중인 것이지요.

원래 사람들은 다양한 종류의 시간과 공간을 구분하려고 노력해 왔습니다. 가령 명절이나 휴가를 정해 시간을 구분하는 식으로요. 학교에 갈 때 입는 교복, 일하는 시간에 입는 작업복 등 특별한 옷차림을 정하고, 식사를 하는 식당, 운동을 하는 운동장 등 목적에 맞는 장소를 정해 두었지요. 하지만 언제든 네트워크에 연결될 수 있는 환경에서 이런 요소들은 더 이상 구분의 의미를 갖지 못합니다. 학교에서 대면 수업을 듣는 경우와 집에서 온라인 수업을 듣는 경우를 생각해 보세요. 학교에서 수업을 들으려면 교복을 입고 등교해야 하지만, 온라인 수업은 집에서 평상복을 입은 채로 참여합니다. 어른들은 휴가를 떠나 바닷가에서 수영을 즐기다가 갑자기 업무 관련 메일을 전송하기도 합니다.

인간과 인간, 인간과 기계, 인간과 환경이 연결되면서 가능하게 된 상호 작용은 이전의 상호 작용과는 매우 다른 양상이 될 것 같습니다. 이러한 연결이 어떤 미래를 가져올지에 대해 우려와 기대가 동시에 존재합니다. 한편, 인간이 서로 소통하는 방식이 달라지고, 기계가 인간 사이에 영향을 미치는 경우가 많아지면서 우리가 주체적으로 생각하면서 연결에 참여하고 있는 것인지 의심하고 두려워하는 목소리도 증가하고 있습니다.

지혜롭고 안전한 미디어 생활을 위한 지침② 옆에 사람이 있다는 걸 기억해.

3. 끼리끼리만
어울리다 보면

인터넷은 사람과 사람 사이를 연결해 주는 도구로, 온라인을 통한 소통을 경험하게 합니다. 다양한 생각을 접하고 다양한 사람을 만나게 하지요. 그런데 그 상호 작용을 부정적으로 바라보는 시선도 있습니다. 자기 의견을 고수하면서 자기가 믿는 신념을 강화하게 될 것에 대한 우려이지요.

즉, 사람들이 너무 끼리끼리만 연결되어 있다는 걱정을 하는 것입니다. 사람들은 대체로 갈등을 피하고 싶어 해요. 온라인상에서도 마찬가지지요. 온라인에서 군이 나와 다른 의견을 확인하며 스트레스를 받거나 화를 낼 이유는 없다고 생각할 수 있지요. 그러다 보면 내 페이스북 친구는, 내가 가는 커뮤니티는 점차로 내 취향과 견해에 맞는 경우로만 구성될 확률이 높습니다. 예컨대 힙합을 좋아하는 사람은 록이나 클래식과 관련된 사람이나 페이지를 팔로우

하지 않고, 주로 힙합 음악 정보를 따라다니며 친구 관계를 이루겠지요.

문제는 이러한 경향이 취향에만 해당하지 않는다는 것입니다. 정치나 사회 문제에 있어서도 자신과 비슷한 의견을 가진 사람들하고만 교류할 확률이 높습니다. 예를 들어 낙태죄 폐지에 찬성하는 사람은 낙태죄가 존속되어야 한다는 주장을 하는 사람과 SNS 친구가 될 확률이 낮겠지요. 물론 사람들이 '친구'가 올리는 모든 글을 비판 없이 받아들이는 것은 아니에요. SNS 친구가 올린 글이라고 해도 동조할 만한 의견인지 합리적으로 판단하고 선택할 수 있습니다.

하지만 비슷한 생각을 가진 이들하고만 계속 교류하는 탓에 나와 다른 생각과 의견이 있다는 사실을 아예 모르게 된다면 이는 문제입니다. 똑같은 주장을 하더라도 다른 생각을 알고 이야기하는 것과 모르고 이야기하는 것은 다르니까요. 예를 들어, 어떤 사람들은 유튜브가 비판적으로 사고하지 못하게 하는 매체이기 때문에 유튜브만 보는 사람은 전체를 바라보지 못한 채 파편적으로 생각하며 논리적인 글을 쓰지 못한다고 주장합니다. 그런데 미디어의 역사를 살펴보면 새로운 매체가 등장할 때마다 비슷한 주장이 있었습니다. 가깝게는 트위터에서부터 PC 통신, 텔레비전에 이르기까지 새로운 매체가 나올 때마다 그 매체가 비판적 사고를 방해하고 논리적인 글을 쓸 수 없게 만든다는 의견이 있었지요. 이러한 역사적 배경을 아는 사람과 '친구'가 된다면 유튜브도 새로운 글쓰기

민주주의 사회에서는 나의 생각과 다른 의견도
존중하고 경청하는 태도가 필요하다.

방식을 만들어 낼 것이고, 이를 기존의 관점으로 평가하는 것이 정당하지 못하다는 생각을 접할 수 있습니다.

유튜브와 관련된 여러 지식과 생각을 알고, 그 나름대로 비교를 해 본 뒤에 텔레비전이나 블로그 등에 비해서 유튜브가 특별히 문제가 되는 지점이 있다고 생각하는 것과, 무작정 유튜브만 보면 글을 못 쓰게 된다고 생각하는 것은 차이가 큽니다. 그래서 매일매일 연결되어 있는, 어디서나 접속할 수 있는 공간이 나와 동조하는 이들로만 가득한 상황을 염려하는 사람들이 있는 것입니다.

물론 비슷한 취향과 생각을 가진 사람들과의 연결은 긍정적인 측면도 큽니다. 좋아하는 아이돌의 음반 소식을 바로 알 수 있고,

멀리 미국에 나와 같은 아이돌을 좋아하는 사람이 있다는 것을 알게 되는 등 즐거운 소식을 빨리 들을 수 있지요. 우리 사회에 큰 변화를 가져온 여러 해시태그 운동 역시 연결되어 있기 때문에 가능했습니다. 이처럼 사회 현상은 양면을 모두 따져야 하는 경우가 많다는 사실을 기억하길 바랍니다.

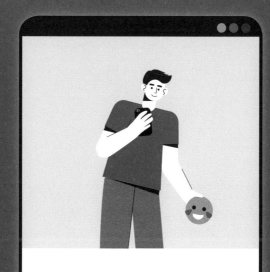

2부

온라인 세계
속의 나

1. 한 사람이 가진 여러 개의 얼굴

랜^{LAN}선은 인터넷 접속에 필요한 케이블입니다. 요즘에는 와이파이를 많이 사용하지만, 초창기에는 컴퓨터에 랜선을 연결해 온라인에 접속했지요. 그래서 흔히들 인터넷 세계에서의 연결을 '랜선'에 빗댑니다. 실제 우리가 직접 가는 것, 즉 우리의 몸이 어딘가에 존재하게 되는 것과 비교하여 "코로나19 시대, 직접 콘서트장에 못 오신다면 랜선으로 즐겨 보세요."처럼 표현하지요. 우리가 사는 현실 세계가 그러한 것처럼, 랜선을 통해 만들어지는 온라인 세계 역시 다양합니다. 그리고 온라인 공간에서 활동하는 '나' 또한 여러 모습일 수 있습니다.

트위터는 140자 정도의 짧은 메시지를 중심으로 소통하는 SNS입니다. 영어로 '지저귀다'^{twitter}라는 의미 그대로 재잘거리듯 일상의 이야기들을 짧게 공유하는 공간으로, 2006년 미국에서 처음 생겨났습니다. 우리나라에는 2011년에 서비스를 시작했는데, 당시 김연아 선수 등 유명인들이 계정을 만들면서 이용률이 높아졌습니다.[2] 페이스북이나 인스타그램처럼 팔로우·팔로잉 관계를 통해 서로 관계를 맺고 대화하는 곳입니다.

트위터 사용자들은 '계실'이라는 말을 쓰고는 합니다. 종종 "계실 죄송합니다."와 같은 말을 남기는 경우가 있는데, 이때 '계실'은 '계정 실수'의 줄임말입니다. 계정을 실수했다는 것은 무슨 뜻일까요? 트위터에는 익명 계정이 많은데 하나의 계정이 캐릭터처럼 특정한 역할을 수행하는 경우가 있습니다. 한 사람이 여러 계정을 운영하며 각각의 계정마다 다른 역할을 수행하는 일도 가능하지요. 여기서 '수행'이란, 특정한 역할에 맞는 일을 해내는 것을 말합니다.

인간은 살아가면서 다양한 역할을 수행합니다. 예를 들어 어떤 사람은 가족 내에서 누군가의 자녀이자, 동생이며, 사촌이고, 조카일 수 있지요. 또 사회에 나가서는 학생이자 아르바이트를 하는 노동자이며, 투표에 참여하는 시민으로서 역할을 수행해요. 트위터에서는 여러 가지 역할들을 내가 원하는 대로 구성해서 수행할 수 있습니다. 한 가지 역할만 할 수도 있지만, 계정을 여러 개 만들어 다양한 모습을 수행하는 것도 가능합니다. 한 계정에서는 아이돌의 팬으로 활동하고 다른 계정에서는 고양이 사진만 올리는 식으로요.

그런데 해당 계정이 표방하는 자아와 다른 내용을 올렸을 때, 예컨대 고양이 사진용 계정에 아이돌 사진을 올렸을 때 '계정을 실수

인스타그램, 페이스북, 트위터 등
다양한 SNS에서
사람들은 서로의 일상, 생각,
의견, 취향 등을 공유한다.

했다.'라고 표현하는 것입니다. 이 표현은 온라인상의 자아가 매우 다양할 수 있다는 사실을 단적으로 보여 줍니다.

다른 모습으로 존재하기

이처럼 온라인 공간의 특성 중 하나는 실제 자아를 드러내지 않고, 혹은 특정한 자아의 모습을 강조해서 활동할 수 있다는 것입니다. 어떤 경우 완전히 새로운 자아를 창조해 낼 수도 있지요. 온라인상에서는 보통 실명이 아니라 닉네임이나 계정 아이디로 활동하는 데다 굳이 자신의 실생활과 관련된 정보를 밝힐 필요가 없기 때문에, 자신을 꾸미는 것이 가능합니다. 그래서 많은 사람이 나는 아니지만 다른 사람들은 온라인에서 거짓말을 하고 있을 것이라고 추측합니다.

2013년 정보통신정책연구원에서 설문 조사를 진행했습니다. 사람들이 온라인에서의 자신의 모습과 실제 자신의 모습을 얼마나 비슷하게 느끼고 있는지 알아보았지요. 조사 결과에 따르면, 응답자의 66%가 자신의 실제 모습과 온라인상에서의 모습이 비슷하다고 답했습니다. 그런데 친구의 경우에 대해 묻자 전혀 다른 대답이 나왔습니다. 응답자의 75%는 친구의 SNS가 친구의 실제 모습보다는 꾸며진 모습을 더 많이 담고 있다고 답했습니다. 이 설문에 참여한 사람 중 다수가 자신의 실제 자아는 온라인에서 표현된 바와 같지만, 다른 사람들은 실제와 다르게 온라인상의 모습을 꾸민다고 생각했습니다.[3]

이런 결과에는 사람들에게 흔히 일어나는 인지적 편향의 영향도 있을 것입니다. 사회학자 필립스 데이비슨이 주장한 인지적 편향인 '제3자 효과 가설'을 소개해 볼게요. '제3자 효과 가설'은 사람들이 대중 매체의 메시지가 자신에게는 영향력을 미치지 않지만, 제3자인 타인에게는 상대적으로 더 큰 영향력을 미친다고 여기는 경향이 있다는 주장입니다. 쉽게 말해 '나는 괜찮지만 다른 사람은 영향을 많이 받고 문제가 생길 수 있다.'라고 생각한다는 것이지요. 텔레비전에서 치킨 광고를 보았을 때, 나는 아니지만 다른 사람들은 저 광고를 보고 치킨을 먹고 싶어하겠다,라고 생각하는 식입니다.

온라인상에서 자아를 꾸미는 것은 가능하고 실제로 사람들은 이를 경험하고 있습니다. 비록 다른 사람이 그러는 것이지, 자신은 솔직하다고 생각할지 모르겠지만요. 그렇다면 우리가 원하는 대로, 완전히 새로운 나를 완벽하게 꾸며 내는 일이 가능할까요?

온라인에서 다른 정체성을 수행하는 것은 그렇게 만만하지 않습니다. 한때 온라인에서 '동년배'라는 말이 농담처럼 쓰였습니다. 시작은 한 정치 뉴스의 댓글이었습니다. "나 10대 청년인데, 내 동년배들 다 ○○○ 싫어한다."라는 댓글이 달렸는데, 작성자는 자신이 10대라고 주장했지만 10대들은 '동년배'라는 말을 잘 쓰지 않기 때문에 사람들은 나이 많은 작성자가 10대 흉내를 낸 것이라 추측하고, 작성자를 놀렸습니다. 그러면서 '동년배'라는 말이 하나의 밈(meme, 인터넷에서 유행하는 특정한 문화 요소)이 되었지요.

온라인 공간 속 관계와 서열

자신을 표현하고 꾸미는 방식은 온라인 공간에 따라 달라지기도 합니다. 특정 커뮤니티나 팬덤에 소속되어 있을 경우 그 모임의 기대에 부응하는 정체성과 태도를 따르게 됩니다. 언론에서는 종종 온라인 커뮤니티의 정치적 성향에 대해서 어떤 곳은 진보적이고, 어떤 곳은 보수적이라는 식의 평가를 내립니다. 이런 판단을 할 수 있다는 것은 해당 커뮤니티에 그런 내용의 글이 많이 올라온다는 뜻이고, 해당 커뮤니티 이용자들이 특정한 성향을 갖고 있거나 혹은 그런 성향만을 드러낸다는 뜻입니다. 예를 들어 문제적 사이트로 비난받는 ㅇ커뮤니티에서는 특정 지역에 대한 혐오 표현을 쓰는 것이 그 커뮤니티의 문화로 자리 잡았습니다. 이용자들은 혐오 표현에 대해 문제의식을 느끼지 못하고, 오히려 커뮤니티에서 대화하고 소속감을 얻으려면 그런 표현을 쓰는 것이 필요하다고 여기며, 자연스럽게 동화되기도 합니다.

아이돌 팬덤에서 사용되는 어휘들 역시 사람들이 일상에서 사용하는 말과는 많이 다릅니다. 남들이 보기에는 이상한 말이지만 팬덤 사이에서는 자연스러운 표현이 존재할 수 있습니다. 그래서 같은 사람이라도 팬덤의 일원으로 하는 말의 태도와, 온라인 수업을 들으면서 댓글을 남길 때 쓰는 말의 태도는 서로 다를 수 있습니다. 사람들은 특정한 온라인 공간에 맞는 규범과 말을 익히고 그에 따라 행동하게 됩니다.

한편 온라인 공간에서도 개인들 간의 관계가 발생하고 서열, 역할이 구성됩니다. 온라인 공간마다 그 양상은 조금씩 다르지요. 보통 온라인 커뮤니티에는 유명한 이용자들이 있습니다. 전문성이 있거나 뛰어난 기술을 가진 이용자들이 추앙을 받고 이상적인 커뮤니티 이용자 모델로 여겨집니다. 특정 이용자를 따르는 무리가 생겨나고 무리들끼리 경쟁하기도 해요.

팬덤 공동체 내에서는 정보 생산자와 소비자 사이에 서열이 생겨나기도 합니다. 예를 들어 아이돌의 사진을 직접 찍어 올리는 이용자는 '직찍 여신'이라고 추켜세우고, 그가 올리는 정보를 소비하는 사람들은 '시녀'라고 부르기도 합니다. 이처럼 온라인 커뮤니티 내에서는 '끼리'의 형성, '끼리'에 대한 거부 및 비난, 다른 '끼리'와의 경쟁 등이 순환적으로 일어나곤 하지요.

이용자 간의 경쟁이 커뮤니티를 망친다면서 아예 아이디나 닉네임을 볼 수 없도록 익명으로만 글을 쓰게 하는 커뮤니티도 있습니다. 이들은 '친목 금지'라는 규범을 내세웁니다. 온라인은 익명 공간이며 서로의 목소리가 평등하게 인정되어야 한다고 주장하는 것입니다. 이러한 커뮤니티에서는 이용자들이 친밀감을 과시하거나 누군가의 의견을 너무 추켜세우거나 하면 평등이 깨진다고 믿습니다. 로그인하여 고정된 닉네임을 쓰는 이용자를 '고닉'이라고 부르며 경계 대상으로 삼기도 하지요. 이러한 커뮤니티의 이용자들은 주로 oo이나 11 등 아무 의미 없는 닉네임을 사용해서 글을 씁니다.

2. SNS는 우리를 행복하게 할까?

SNS는 우리를 행복하게 만들까요? 페이스북과 인스타그램이 유행하면서 미디어를 연구하는 학자들뿐만 아니라, 대중들도 SNS와 행복에 관한 질문을 꾸준히 던집니다. 많은 연구자들은 SNS가 사람들을 우울하게 만들기도 한다고 말합니다. SNS를 많이 사용하다 보면 자신을 과시하는 게시물을 올리는 경우가 생기는데 이것이 불편함, 우울감을 높이는 계기가 된다는 것입니다.[4]

흔히 SNS 중에서도 인스타그램이나 페이스북에는 자신을 자랑하고 포장하는 내용이 많이 올라온다고들 이야기합니다. 인스타그램은 사진을 중심으로 하기 때문에 사진을 잘 찍는 것이 중요합니다. '인스타그래머블instagrammable'하다는 신조어가 등장할 정도이지요. 인스타그램과 '할 수 있는'이라는 뜻의 able(에이블)을 합쳐 만든 이 말은, 인스타그램에 올릴 만한 수준이 된다는 의미입니다. 잘

찍은 사진이라는 뜻인데 반대로 오히려 막 찍어서 인스타그램에 올린 사진이 유머나 밈이 될 때도 있어요. 전혀 '인스타그래머블' 하지 않기 때문에 유머가 되는 것이지요. 그런 예외적인 경우를 제외하면 시각적 이미지를 중시하는 인스타그램에서는 아무래도 좋은 것, 고급스러운 것, 예쁜 것 등을 주로 올리게 되니까, 과시나 포장이 많다고 여겨집니다.

한편, 페이스북은 자신의 생각을 비교적 길게 쓸 수 있는 SNS입니다. 자신의 사상, 의견을 강조하는 글을 쓸 수 있지요. 어떤 것을 생각하고 말하고 행동하는 사람으로 자신을 표상하기에 좋아요. 사진과 영상으로 일상을 공개하는 일도 많습니다. 페이스북에서는 'n년 전의 나'와 같은 게시물이 자동으로 생성되는데 사진을 중심으로 자신의 역사가 기록되는 셈이기 때문에 이용자들은 고급스러운 사진과 영상, 기록할 만한 사건들을 페이스북에 공유하게 됩니다. 그러니 여기에서도 과시, 포장이 일어나기 쉽지요.

열등감과 고독감

그럼 온라인상에서 자신을 포장하거나 과시하게 되는 원인이 페이스북 혹은 인스타그램에 있을까요? 학자들은 매체가 아니라 사람의 마음과 더 관련이 깊다고 이야기합니다. 사회심리학 이론 중에 사회적 비교 이론이 있습니다. 이 이론에 따르면 사람들은 자신을 자신만으로 사랑하거나 평가하지 않고 남과 비교하면서 평가합니다. 쉽게 말해 인스타그램에 사진을 올리는 사람이 '#너는이런거 못해봤지' 하고 해시태그를 다는 것은 아니지만, 이를 보는 사람은 자연스레 사진을 올린 사람과 자신을 비교하게 된다는 것이지요.

사회적 비교에는 두 가지 방향이 있습니다. 하나는 하향 비교입니다. 나보다 열등하다고 생각하는 사람과 자신을 비교하는 것이지요. 반대로 나보다 더 낫다고 생각하는 사람과 자신을 비교하는 경향을 상향 비교라고 합니다. '페이스북은 우리를 행복하게 하는가?'라는 질문을 던졌던 2014년의 한 연구에 따르면 페이스북에서 타인의 삶을 열심히 살펴보는 사람일수록 상향 비교를 많이 하고, 자신의 삶에 대해서는 불만족스러워했습니다.[5] 그런데 이때 무엇이 먼저인지에 따라 서로 다른 해석이 가능합니다. 페이스북을 많이 해서 상향 비교 성향이 늘어난다고 볼 수도 있지만, 원래 상향 비교 성향이 높은 사람이 페이스북을 많이 보는 것이라는 해석도 가능하지요.

어느 쪽이 우선이든 사람들이 자꾸 상향 비교를 하면서 우울해지는 이유는 '반응 편향' 때문입니다. 반응 편향이란 SNS에서 본 다른 사람들의 모습이 인생의 특정한 순간이 아니라 그 사람들의 기본적 속성이라고 판단하는 것입니다.[6] 조금만 생각해 보면, SNS를 통해 공유된 순간은 타인의 생활 중에서 매우 행복하고 특별한 순간이라서 이를 기준으로 내 일상을 비교하고 평가하는 것은 무리가 있습니다. 그런데도 반응 편향이 일어나면 저 사람은 돈이 많아서 늘 행복하고 여유롭고 여행을 다닌다고 생각하게 됩니다. 페이스북과 인스타그램 속 모습을 그 사람의 속성 자체로 생각해 버리고는 상대적 박탈감이나 질투를 느끼지요.

한편 SNS가 이용자에게 군중 속의 고독감을 느끼게 한다는 연구도 있습니다. 특히 유튜브는 사람들을 서로 연결되게 하면서도 동시에 고독감을 강화하는 역할을 할 수도 있다고 합니다.[7] 온라인을 통한 연결을 선호하게 되면서 점차 현실에서 사람을 만나는 일이 줄어들기 때문입니다. 온라인을 통해 사회와 소통하는 것 같지만, 실제로는 사람들을 덜 만나게 되니 고독감이 커지는 것이지요. 페이스북이나 카카오톡의 경우 현실의 지인들과 SNS상에서 교류하는 경우도 있지만, 유튜브에서 연결된 사람들이 현실에서도 알고 지낼 가능성은 낮기 때문에 고독감을 강화할 가능성이 높습니다.

SNS와 사회적 자본

SNS가 사람을 불행하게 한다는 부정적 평가만 있는 것은 아닙니다. 긍정적인 효과에 대한 논의도 무척 많습니다. SNS를 통해 사회적 자본을 형성할 수 있다는 주장이 대표적입니다. 흔히 자본 하면 '장사나 사업 등을 하는 데 기본이 되는 돈'을 떠올리는데, 사회적 자본은 돈과 같은 눈에 보이는 것이 아니라 인간관계, 명성 등을 말합니다. 사회적 자본에 대해서 미국 사회학자 로널드 버트는 "자신이 가진 금융 자본, 인적 자본을 사용할 수 있는 기회를 얻을 수 있도록 해 주는 친구, 동료, 그리고 일반적인 관계망"이라고 설명했습니다.[8] 돈이 있어도 이를 제대로 사용하려면 친구와 사회적 관계가 필요하다는 것입니다.

온라인 공간을 통해 개인은 자신의 경험, 생각을 공유하면서 사회적 자본을 형성하게 됩니다. SNS에서 소통하면서 사회적 관계나 커뮤니케이션에 대한 만족감이 높아질 수 있지요.[9] 페이스북 등을 사용하면서 오프라인에서보다 훨씬 더 많은 사람을 알게 되고, 사회적 명성을 얻게 되었다고 느끼는 사람은 페이스북을 통해 행복해질 수도 있습니다.

행복을 느끼는가, 아니면 불행해지는가는 페이스북이나 인스타그램을 하느냐 마느냐로 결정되는 것은 아닙니다. 온라인 공간을 들여다볼 때는 온라인에 표현된 타인의 모습이 그 사람의 전부가 아니라는 점을 꼭 생각하세요. 일상의 일부분이며 때로 꾸며진 모습일 수 있다는 점을 기억한다면 상대적 박탈감에 괴로워하거나 우울해하는 일도 줄어들게 될 거예요.

3. 친구가 되어도 안전할까?

온라인상에서 사람들은 다양한 관계를 맺습니다. 특히 팬덤 활동은 온라인상의 연결 덕분에 더 풍부한 문화와 관계를 갖게 되었습니다. 과거의 팬덤 공동체는 우편물로 소식을 공유하고 오프라인 페스티벌을 통해 가끔 만났지만, 지금의 팬덤 공동체는 온라인에서 더 빠르고 효과적으로 소통합니다.

팬덤 공동체는 기존의 다른 공동체에 비해 연령, 성별, 젠더 등으로 구분되지 않고 비교적 자유롭게 연결된다는 특징이 있습니다. 같은 가수를 좋아한다는 이유로 10대 여성과 40대 여성이 같은 팬덤 공동체에 속할 수 있는 것처럼요. 온라인을 통해 연결되는 팬덤 공동체는 이전보다 더 다양한 연결의 가능성을 보여 줍니다. 나이나 사는 곳 등에 관계없이 다양한 사람을 만나 서로 친구가 될 가능성이 생긴 것입니다.

팬덤 말고 온라인 공간에서 여러 사람들을 연결하는 또 하나의 중요한 요소는 공통의 취미입니다. 취미 기반의 커뮤니티 활동을 통해 다른 이용자들의 인정을 받고 사회적 자본을 획득할 때 사람들은 온라인 커뮤니티에 강력한 소속감을 갖게 됩니다. 야구, 게임 같은 공통의 취미를 가진 공간에서 자기 능력을 자랑하고 인정받을 뿐 아니라 자신이 좋아하는 것을 추천하고 공유하는 형태로 온라인상의 관계를 맺지요.

가까이 있다는 느낌

온라인 공간에서 서로 관계를 맺는 데에는 심리적으로 같은 공간에 있다고 여기는 인지적 근접성이 많은 영향을 미칩니다. 각자의 공간에서 인터넷에 접속해 이야기를 나누지만 마치 같은 공간에서 말하는 듯한 느낌, 이런 느낌이 친밀감을 만듭니다. 정서적 애착이라는 표현을 사용하기도 해요.[10]

그런데 사람들은 온라인에서 만난 사람들에게 친밀감을 느끼는 동시에 이 관계가 언제든 사라질 수 있다는 사실, 즉 관계의 휘발성 또한 알고 있습니다. 언제든지 한쪽이 일방적으로 관계를 끊는 일이 가능하고, 혹은 서로가 합의하는 가운데 사라질 수 있는 관계라고 여기지요. 커뮤니티에 매일 글을 올리고 인사를 나누며 친밀하게 지내는 A와 B가 있다고 합시다. 어느 날부터 A가 커뮤니티에 접속하지 않으면 이 관계는 그냥 끝납니다. 종종 온라인 커뮤니티 게시판에는 ○○님이 이제 안 오시냐고 찾는 글이 올라와요. 본인이 직접 모든 글을 삭제하고 떠나는 경우도 흔합니다.

관계가 언제든 사라질 수 있다는 특징은, 익명 채팅방과 같은 독특한 공간과 결합될 때 또 다른 현상을 만들어 냅니다. 익명 채팅방은 다양한 앱 서비스를 통해 제공되고 있습니다. 자신의 실명과 연결되지 않고 언제든 관계를 끊을 수 있다는 상상된 합의가 있는 곳이지요. 이런 이유로 어떤 이용자들은 익명 채팅방에서 사회생활에서는 절대 내보일 수 없는 자아를 드러내고 면대면 관계에서는 하지 않을 정도의 친밀성을 보이기도 합니다.[11] 사회적 체면과 지위를 생각해 절대 말하지 않을 내면의 비밀까지도 온라인 관계에서는 공유하는 것이지요.

안전을 위해 주의할 사항들

때로는 온라인 공간에서 만난 사람과 현실에서 친구가 되는 일이 일어납니다. 트위터와 온라인 커뮤니티, 게임 커뮤니티 등에서 비슷한 취향과 관심사를 공유하다가 가까워져 오프라인에서 만나게 되는 것이지요.

하지만 청소년인 여러분에게는 온라인 공간, 특히 채팅 앱과 같은 것을 통해 알게 된 사람들을 실제로 만나는 일은 부디 피하라고

토끼 님, 우리 알고 지낸 지도 오래됐는데 오프라인으로 만나는 거 어때요?

그럴까요? 저도 거북이 님 만나고 싶었는데.

거북북북 LV 24

토끼끼끼 LV 25

그럼 토요일 2시에 ○○역 앞에서 어떠세요?

흠… 좋아요.

흐흐흐흐 순진하기는…

용왕님에게 토끼 간을 드려야지.

슬슬 나가 볼까.

버스 오려면 아직 20분 정도 기다려야 하네.

잠시 눈 좀 붙일까?

쿨…

얼굴도 모르는 사람을 만나려고 하다니 내가 무슨 행동을 할 줄 알고.

흐흐흐흐흐흐흐,

지하철

흐흐흐흐흐.

…언제 오는 거지?

이야기하고 싶습니다. 어린이와 청소년을 꾀어내는 성범죄, 사기 범죄 등이 기승을 부리고 있기 때문입니다. 우리를 너무 무시하는 것 아니냐는 생각을 하실 수도 있겠지만 조심해서 나쁠 것은 없습니다. 특히 최근에는 청소년들이 디지털 성범죄의 피해자가 되는 경우가 많습니다. 한국사이버성폭력대응센터의 '2020년 피해 상담 통계'를 보면, 온라인 그루밍 피해자는 10대가 78.6%로 가장 많습니다. 영상이나 사진 유포 협박을 가장 많이 경험한 연령대 역시 10대(36.8%)였습니다. 온라인 그루밍은 SNS나 채팅 앱 등을 통해 신뢰를 형성한 가해자가 신체 촬영물이나 일종의 성매매인 '조건 만남'을 요구하는 행위를 말합니다. 주로 경제적·정서적으로 취약한 청소년들이 피해자가 되기 쉽다고 합니다.

온라인 공간에서 어린이와 청소년의 안전에 대한 걱정을 우리나라만 하는 것은 아닙니다. 전 세계 각국에서 이를 위해 노력할 것을 선언하고, 담당 기구를 만들고 있습니다. 호주의 경우 온라인안전강화법에 따라 2015년 온라인 e안전국(Office of the eSafety Commissioner)이라는 정부 기관을 세웠습니다. 이 기관은 어린이와 청소년의 온라인 안전을 위해 다양한 활동을 합니다. 디지털 성범죄 신고를 받아 처리하고, 안전한 인터넷 이용을 위한 가이드라인을 제공합니다.[12]

이렇게 노력한다는 것은 그만큼 온라인 공간이 어린이·청소년의 안전을 위협할 만한 공간이라는 의미이기도 합니다. 그렇다면 어떻게 온라인에서의 안전을 지킬 수 있을까요? 전문가들에 따르

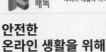

서비스 개발자 가이드   **청소년 가이드**   더 알아보기

안전한 온라인 생활을 위해 이것만은 기억해주세요.

개인정보를 주지마세요.

온라인에서 만난 사람에게 개인정보를 함부로 주지 마세요. 도움을 준다며 접근하는 사람일수록 의심하세요.

개인정보는 SNS 접속 ID와 비밀번호, 학교, 사는 곳, 핸드폰번호 등을 말해요.

대화를 통해 개인정보를 알아낼 수도 있어요.

내 개인정보를 직접 알려주지 않았더라도, 주고 받는 대화나 사진을 통해 상대방이 개인정보를 알아낼 수도 있어요.

상대가 이를 악용해 사진과 영상 등을 유포하겠다고 협박하는 경우, 일단 상대에게 반응을 보이지 말고 상담을 신청해주세요.

명심해요, 당신의 잘못이 아니에요.

어떤 경우라도 협박하는 사람이 잘못된 것이지, 그에게 마음을 열거나 개인정보를 준 것 당신의 잘못이 아님을 명심해요.

또, 부모님이나 친구 등 주변에 알려지지 않고도 문제를 해결할 수 있는 방법이 있으니 두려워하지 말고 연락해주세요.

깨톡 홈페이지(teen–it.kr)에 안내된 안전한 온라인 생활을 위한 청소년 가이드.

면 가장 중요한 것은 원하지 않는 연락이나 만남 요청을 거부하는 것입니다. 개인 정보를 더 강력하게 보호하는 SNS 플랫폼의 노력 등도 물론 필요하겠지만, 그 이전에 개개인 스스로가 이러한 상황에 대처하는 법을 알아야 해요. 십대여성인권센터에서는 안전한 온라인 생활을 안내하는 사이트 '깨톡'을 만들었습니다. 이곳에서는 "개인 정보를 주지 마세요." "대화를 통해 개인 정보를 알아낼 수도 있어요." "명심해요, 당신의 잘못이 아니에요." 이렇게 3가지의 당부 사항을 전합니다. 내가 다니는 학교, 사는 곳, 휴대 전화 번호 등은 온라인에서 만난 사람에게 함부로 전해서는 안 되는 개인 정보입니다. 내가 알려 주지 않았다고 해도 주고받는 대화나 사진을 통해 상대방이 알아낼 수도 있으니 주의해야 합니다. 그러나 상대가 개인 정보를 악용해 협박하더라도 상대가 잘못된 것이지, 마음을 열고 개인 정보를 전한 사람의 잘못은 아닙니다. 개인 정보를 주었다고 해서 내가 잘못한 것은 아니라는 사실을 꼭 명심하세요. 상대가 사진과 영상 등을 유포하겠다고 협박하는 경우, 일단 반응을 보이지 말고 디지털 성범죄로 신고하세요. 십대여성인권센터 홈페이지(teen-up.com)나, 여성긴급전화 1336을 통해 해결 방법을 알아볼 수도 있습니다.

4. 남을
침해하지 않기

온라인상에서 하는 행동 중 가장 문제적인 것은 남을 침해하는 행위입니다. 이를 사이버불링cyberbullying이라고 합니다. 사이버불링이란 이메일·문자·디지털 이미지 전송, 온라인 커뮤니티·블로그·채팅방, SNS 및 동영상 사이트 등 온라인으로 연결된 공간에서 특정인을 괴롭히는 것을 말합니다.[13] 괴롭히는 유형과 방식은 너무나 다양합니다. 불쾌하고 폭력적인 메시지와 이미지, 욕설을 전송하거나 유포하는 일, 데이터나 각종 금전적 비용을 빼앗는 일 등이 대표적이지요. 또 특정한 사이버 공간에서 나가지 못하게 하면서 지속적으로 욕설을 남기는 일, 특정한 사이버 공간에서 개인을 따돌리는 일 등도 사이버불링에 해당합니다.

사이버불링은 온라인 공간에서 만난 사람들 사이에서만 일어나는 것은 아닙니다. 최근에는 얼굴을 맞대고 지내는 학교 친구들 사이에서 사이버불링이 벌어져 큰 문제가 되고 있습니다. 학교 폭력에 관한 연구를 보면 사이버불링은 점차 증가하는 추세입니다.[14] 2019년 방송통신위원회의 조사 결과에 따르면, 청소년의 26.9%가 사이버불링의 가해 또는 피해 경험이 있다고 합니다.[15]

청소년들의 사이버불링은 우리나라만의 문제는 아닙니다. 몇 해 전 호주에서는 한 모자 브랜드의 광고 모델로 유명했던 10대 소녀가 사이버불링을 견디다 못해 스스로 목숨을 끊어 사회적 충격을 주었습니다. 그의 부모는 이후 사이버불링과 정서적 불안, 우울증, 청소년 자살 등에 대한 경각심을 높이기 위해 캠페인에 나섰지요.

청소년 사이버불링은 전 세계적으로 심각한 문제로 많은 나라들이 관심을 두고 있습니다. 사이버불링을 강력하게 처벌하는 법 제도를 갖춘 경우도 있습니다. 미국 뉴욕주의 '사이버불링에 대한 학생 존엄성 법률'Dignity for All Students Act이 대표적입니다.[16] 이 법률은 각급 학교에서 사이버불링 행위를 처벌하고 규제하는 징계 절차를 만들어야 한다고 명시하고 있습니다. 우리나라에서도 2020년 '학교 폭력 예방 및 대책에 관한 법률'에 사이버 따돌림 문제가 포함되었습니다. 사이버불링 형태의 학교 폭력이 매우 심각함을 알리고 대책을 마련하고 있습니다.

그러나 여전히 갈 길이 멀다고 보는 사람도 많습니다. 아직까지 우리 사회는 형법적 사고, 즉 물리적 피해를 입힌 현실 사회에서의 폭력은 매우 중한 범죄로 여기지만, 온라인 공간에서 일어난 피해는 '말뿐이니까' 별 문제가 아니라고 생각하는 경향이 있기 때문이

물리적 폭력과 달리 사이버불링은 교묘한 방식으로 이루어져
피해자에게 심각한 괴로움을 안긴다.

지요. 학교 폭력에 대한 규제와 처벌에서도 사이버불링은 상대적
으로 가볍게 다루어진다고 느끼는 이들이 많습니다.

온라인 문화를 연구하는 학자들 중에는 사이버불링을 '온라인
참자아'와 연결 지어 바라보는 시각도 있습니다. 참자아true self란 사
회적 규범에 어긋나기 때문에 사회적 상황에서는 드러내지 않지
만, 환경이 변하는 경우 표현되는 자아를 말합니다. 한 연구에서는
오프라인에서는 하지 않을 괴롭힘을 온라인 공간에서 실행할 가능
성이 높아진다고 설명합니다.[17] 사이버불링이 바람직하지 않다고
생각하더라도, 타인의 시선에서 자유로운 환경 즉 온라인 환경에
서는 거리낌 없이 공격적인 행위를 할 수도 있다는 것이지요. 온라
인에서 사람들이 좀 더 과격해지거나 이상한 행동을 하는 것 또한

온라인에서는 그래도 된다는 생각이 영향을 주었을 것입니다. 그러나 온라인에서의 공격 또한 상처를 남깁니다. 사이버불링 역시 우리 일상생활에 영향을 미치는 심각한 괴롭힘 문제로 여겨야 합니다.

엽기와 안티가 남긴 흔적

지금도 다수의 방송 프로그램에 활발하게 출연하고 있는 연예인 A씨는 과거 인터넷 라디오를 진행했습니다. A씨는 방송에서 공개적으로 본인이 했던 말에 대해 사과하기도 했는데, 과거 A씨는 인터넷 라디오 방송에서 여러 사람을 비난하면서 저급한 표현을 거침없이 사용했습니다. A씨가 라디오를 진행했던 시기는 우리나라 인터넷 문화가 구성되기 시작하던 2000년대 초반입니다. 당시의 인터넷 문화에서는 거침없는 표현이 용인되었습니다. 말 그대로 남을 침해하고 괴롭히는 것이 자연스럽게 받아들여졌지요. 심지어 남을 공격하는 말이 유머로 여겨지기도 했습니다.

2000년대 초반 한국의 인터넷 문화를 설명하는 코드 중 하나는 '엽기'입니다. 엽기는 '비정상적이고 괴상한 일이나 사물에 흥미를 느끼는 것'을 의미합니다. 엽기가 유행했던 당시에는 상식적으로 납득이 되지 않는 언행도 엽기라는 말로 용인해 주었고 유머로 받아들였습니다.[18] 당시 한 온라인 매체는 기존의 방송에서는 허용

되지 않는 욕설과 저속한 말을 하는 것을 자신들의 차별점으로 삼을 정도였지요.

'안티anti' 문화 또한 그 시기 인기가 있었습니다. 안티는 '반대하는, 좋아하지 않는' 등을 뜻하는 단어입니다. 말 그대로 누군가를 싫어하는 일을 놀이 문화로 삼은 것입니다. 다수의 포털 사이트나 커뮤니티 사이트가 별다른 이유 없이 '안티 ○○○'라는 이름으로 개설되었습니다. 유명 가수 B씨의 안티 카페에는 120만 명의 회원이 가입했고, B씨의 소식을 전하는 뉴스에 댓글이 100만 개 넘게 달린 적도 있습니다. B씨를 향한 비난의 글 대부분은 사실 확인이 되지 않은 루머와 이유도 없는 욕설이었습니다.

이 시기는 미디어를 윤리적으로 읽고 쓰는 능력, 즉 미디어 리터러시라는 개념이 낯선 상황에서 '기존 미디어가 하지 않는 것=멋진 것'이라는 기이한 공식에 따라 인터넷 이용자들이 한 방향으로 쏠렸던 시기였습니다. 그리고 여기에는 해방감이라는 감각이 주요하게 작용했습니다.

지금까지도 온라인 공간에서는 참자아를 좀 더 거칠고 공격적인 방식으로 발휘하고, 사이버불링이나 혐오 표현 등을 사용하는 경우가 많습니다. 온라인 문화 형성 초기에 차별과 혐오 표현은 유머가 아니라는 점, 남을 모욕하는 말과 행동이 재미일 수는 없다는 점이 윤리 규범으로 자리 잡지 못했기에 지금까지 영향을 미치는 것입니다. 차별과 혐오가 흔하게 발견되는 현재의 온라인 문화는 이용자들 스스로 만들어 낸 환경이기에, 이를 변화시키는 것 역시 이

용자들 스스로 해낼 수 있는 일입니다.

온라인에서도 괜찮은 사람

온라인 공간이 오프라인 공간과는 다른 해방감을 주는 것은 분명 사실입니다. 그렇다고 해서 다른 사람을 괴롭히고 침해해도 괜찮다고 여겨져서는 안 됩니다. 단순히 온라인에서 바른말 고운 말을 쓰자는 것은 아닙니다. 이는 말의 문제라기보다, 내가 온라인에서 어떤 사람인가와 관련되어 있습니다.

온라인 공간은 그 특수성 때문에, 오프라인이었다면 쉽게 드러내지 않았을 모습을 과장되게 내보이거나 부정적인 방향으로 극대화해 드러낼 가능성이 있습니다. 최근 몇몇 대학의 남학생들이 단체 대화방에서 성희롱을 하는 대화를 나눈 사실이 드러나 크게 논란이 되었습니다. 가해 남학생들은 성희롱 대상이 된 여성의 눈앞에서는 절대 할 수 없을 것 같은 표현들을 썼습니다. 온라인이니까 더 과시적으로 모욕적인 표현을 쓰고 이를 통해 남성성을 인정받고 서열상 우위를 점하려 하는 마음 때문이라고 해석됩니다.

미국의 심리학자 셰리 터클은 메신저 등 온라인 글쓰기를 통해 구성되는 친교는 '감정 없는 형태로' 이루어질 수 있다고 주장합니다.[19] 감정이 없다는 것은 상대에 대한 관심이 덜하다는 의미일 수도 있고, 오가는 말에 책임이 덜 느껴진다는 뜻일 수도 있습니다.

그러다 보니 면전에서는 할 수 없는 말을 온라인으로는 아무렇지도 않게 하는 것이 가능해집니다. 하지만 그렇다고 해서 '단톡방'에서의 모욕과 성희롱이 정당화될 수 있는 것은 아닙니다. '단톡방' 성희롱은 분명 잘못된 행동이며 모욕죄로 처벌을 받을 수 있습니다.

온라인 문화는 과거와 비교해 변화하고 있습니다. 온라인상의 혐오 표현이 문제라고 생각하는 사람이 늘어나고 있습니다. 뉴스 댓글이 무조건 보호받아야 할 표현의 자유를 누리는 공간이 아니며, 누군가를 공개적으로 모욕하는 댓글은 그 자유를 제한받아야 마땅하다는 공감대도 형성되는 중입니다. 이제 우리는 온라인에서 일어나는 다양한 인간관계의 문제들에 대해 좀 더 깊이 생각해야 합니다. 온라인상에서의 교류 또한 감정이 개입되는 인간관계라는 점을 기억해야 합니다. 랜선 너머에 있을 사람을 고려하고 그 사람의 삶을 상상해 보려고 노력해야 합니다.

누구나 온라인에서 다양한 삶을 살 수 있고, 쉽게 관계를 맺거나 또 그 관계에서 쉽게 벗어날 수도 있습니다. 그러나 그 온라인 삶에서, 그리고 그 관계에 있어서 다른 사람의 삶을 침해해서는 안 된다는 것을 인식해야 합니다. 온라인 공간에서의 나의 말, 행위, 모습이 다른 이의 삶에 어떤 영향을 주게 될지를 유념해야 합니다. 그러면 온라인에서의 나 역시 무척 괜찮은 사람으로 만들어 갈 수 있을 것입니다.

3부

인터넷에서
쓰고 말한다는 것

1. 누가 댓글을 쓰고 왜 댓글을 읽을까?

온라인에서 뉴스가 서비스되고, 댓글로 소통할 수 있게 되면서 새로운 토론 공간이 열릴 것으로 희망하는 목소리가 많았습니다. 댓글이 일정 정도 논쟁과 반박이 이루어지는 공론장의 역할을 할 것이라는 기대였지요.[20]

온라인상에서 댓글을 가장 많이 다는 사람들은 누구일까요? 2016년 한국언론진흥재단의 설문 조사에 따르면, 포털 사이트 뉴스 댓글을 다는 사람 중 남성은 58.3%, 여성은 39.4%로 나타났습니다. 학력 수준이 높을수록, 그리고 소득 수준이 높을수록 온라인에서 댓글을 더 많이 쓰는 경향이 있다는 점도 드러났습니다.[21] 조금 더 최근인 2018년 5월 조사에서는, 지난 일주일 동안 포털 사이트 뉴스에 댓글을 쓴 적이 있는지 물었습니다. 그 결과 남성의 36.4%, 여성의 23.7%가 댓글을 썼다고 답했습니다. 2년 전 조사에 비하면

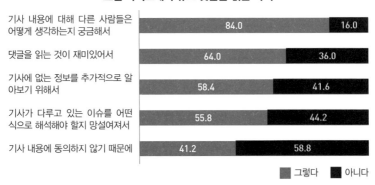

포털 사이트에서 뉴스 댓글을 읽는 목적

	그렇다	아니다
기사 내용에 대해 다른 사람들은 어떻게 생각하는지 궁금해서	84.0	16.0
댓글을 읽는 것이 재미있어서	64.0	36.0
기사에 없는 정보를 추가적으로 알아보기 위해서	58.4	41.6
기사가 다루고 있는 이슈를 어떤 식으로 해석해야 할지 망설여져서	55.8	44.2
기사 내용에 동의하지 않기 때문에	41.2	58.8

한국언론진흥재단, 2018

격차는 줄어들었지만 여전히 남성의 비율이 높게 나타났습니다.[22] 이러한 결과는 온라인 댓글은 사회 경제적 지위가 높은 집단의 목소리를 더 많이 반영할 가능성이 크다는 점을 보여 줍니다.

그간 포털 뉴스의 댓글에 대해서 많은 논란이 있었던 데다 댓글에 대한 부정적인 인식이 늘어나면서 댓글을 작성하는 사람은 다소 줄어들고 있습니다. 하지만 댓글을 읽는 비율은 여전히 높게 나타납니다. 한국언론진흥재단의 2018년 조사에서 전체 응답자의 70.2%가 포털 뉴스 댓글을 읽는다고 답했습니다. 댓글을 읽는 목적으로는, 기사에 대해 다른 사람들이 어떻게 생각하는지 궁금해서 본다고 응답한 비율이 84%로 나타납니다. 즉 많은 사람이 댓글이 여론의 지표라고 생각했습니다.

일반적으로 뉴스 댓글을 신뢰하지 않는 경향이 높다는 점을 생

댓글은 여론을 보여 주지만,
때로는 일부 의견을 과도하게 대표한다.

각하면 이런 결과는 언뜻 기이해 보입니다. 이는 여론이라는 것이 그만큼 파악하기 어렵다는 점을 보여 줍니다. 정치적으로 중요한 사안이나 사회적 이슈에 대해서는 시간과 비용을 들여 대대적으로 여론을 조사하는 경우도 있지요. 하지만 매일매일 뉴스에 보도되는 사건에 대해 일일이 여론 조사를 하지는 않으니, 사람들은 뉴스에 달린 댓글로 여론을 추측할 수밖에 없습니다. 게다가 우리 댓글 문화에는 좋아요나 추천, 공감 등 많은 사람의 의견이 반영되었다고 생각할 만한 장치가 있습니다.

사람을 해치는 댓글

포털 사이트 뉴스의 댓글은 여러 차례 문제가 되었습니다. 정치 분야의 댓글 조작 사건이 일어나기도 했고, 연예인이나 스포츠 선수에 대한 악성 댓글 문제도 있었습니다. 댓글 문화 개선을 위해 포털 업체들도 노력했습니다. 좋은 댓글을 작성한 사람에게 포인트를 부여하기도 했고, 'AI 클린봇'을 도입해 욕설이나 비속어가 담긴 댓글을 자동 차단하기도 했습니다. 그러나 악성 댓글 문제는 계속되었고, 결국 다음카카오와 네이버 등 대표적인 포털 사이트들은 연예와 스포츠 뉴스의 댓글 기능을 없애 버렸습니다.

많은 사람이 이에 찬성하며 지지를 보냈습니다. 한국언론진흥재단이 2020년 12월에 진행한 조사에 따르면 악성 댓글이 많든 적든 연예인의 정신 건강에 심각한 해를 미치고 불행한 사건·사고에 영향을 미쳤다고 생각하는 사람이 전체 응답자의 97.7%나 되었습니다. 또 85%의 사람들이 모든 포털 사이트에서 연예 뉴스란의 댓글 기능이 폐지되면 좋겠다고 답했습니다. 댓글 운영 정책을 바꾸어서 댓글을 작성할 수 있는 총 개수 등을 제한하자는 사람도 많았습니다. 그러나 다른 한편에는 연예면 뉴스 댓글이 사라지자, 댓글을 통해 드라마의 이후 전개를 궁금해하거나 특정 캐릭터를 좋아하는 마음을 나눌 수 없게 되었다며 아쉬워하는 사람들도 있었습니다.

뉴스 댓글은 정보를 제공하는 역할을 하고, 여론의 향방을 보여 주기도 합니다. 이런 뉴스 댓글에 비방과 욕설이 흔히 보이는 것은 문제입니다. 그런데 더 큰 문제는 혐오 표현과 차별을 정당화하는 내용입니다. 이는 블로그나 SNS와 같은 공간에서도 마찬가지입니다. 공개되고, 누구나 접할 수 있는 공간에서 혐오와 차별을 정당화하는 내용들을 흔히 보게 되면 우리 사회에서는 이러한 혐오 표현을 해도 좋다는 인식으로 이어지기가 쉽기 때문입니다.

2. 혐오 표현은 왜 문제일까?

2010년대 이후 인터넷상의 여러 논의 중 가장 대표적인 것을 뽑으라면 단연 '혐오'입니다. '혐오'를 단순히 싫어한다는 의미로 이해하는 경우가 많습니다. 감정적인 불쾌함, 다시 보고 싶지 않은 것의 의미로 혐오스럽다는 말을 쓸 때가 있지요. 바퀴벌레를 싫어하는 사람들이 "바퀴벌레를 혐오해."라고 말하는 것처럼요.

"나는 난민을 싫어하는 게 아니야. 불쌍하다고 생각해. 그냥 우리나라에서 수용하는 게 꺼려질 뿐이지. 게다가 우리도 먹고살기 힘들잖아?"

이렇게 말하는 사람에게 "난민 혐오를 멈추세요."라고 이야기하면 당황할지도 모릅니다. 나는 그냥 내 생각을 말하는 것인데 이게 혐오라니? 의문이 들고 항변의 목소리도 나올 겁니다. 이는 일상어로서 혐오나 우리가 감정으로 느끼는 혐오가, 학술 논의에서 말하는 '혐오'와 차이가 있어서 생기는 일입니다.

이전에 우리 사회가 일상적으로 혐오를 어떻게 인식했는가는 방송통신심의위원회 심의 규정을 보면 알 수 있습니다. 심의 규정에서는 '혐오성이 심각한 정보의 경우 유통해서는 안 된다.'라고 정하고 있습니다. 그 예시로 배설물, 수술 장면 등을 상세하게 표현한 것, 동물 살상 등이 혐오감을 불러일으키는 정보라고 설명합니다. 인터넷 커뮤니티에서 흔히 '혐짤'이라고 돌아다니는 사진 또한 피가 과도하게 흐르는 장면, 동물이 포함된 잔혹하거나 더러운 장면 등이지요.

하지만 최근에 논의되는 '혐오'라는 말은 그보다 복잡한 의미를 담고 있습니다. 사회적, 구조적 의미에서 혐오는 다른 사람의 존재를 인정하지 않는 것, 차별을 당연시하는 것 등을 뜻합니다. 혐오 표현은 "인종, 종교, 성적 지향성, 정치적 지향성, 국적, 민족, 피부색, 성별 등의 속성에 대해서 발화자가 가진 선입견에 근거하여 이를 공격하는 것"이라고 정의됩니다. 예컨대 "○○ 지역 사람들은 좀 게으른 편이지." 같은 말은 선입견에 근거한 혐오 표현입니다. 혐오 표현은 "선동적이고 모욕적이며 위협적인 발언으로 개인 또는 집단을 공격하고 혐오를 조장"하는 결과를 가져옵니다. 다시 말해 다른 사람들을 부추겨 차별당하는 집단을 부정적으로 인식하게 만드는 것이지요.[23]

지금의 혐오 개념이 쓰이게 된 것은 '여성혐오' 개념이 등장하면서부터입니다. 여성혐오는 미소지니^{misogyny}라는 영어 표현의 번역어입니다. 미소지니는 남성 중심적인 사회에서 여성에게 요구하는 규범과 억압을 따르지 않는 여성들을 사회적으로 모욕하고 적대하는 것을 말합니다. 또한 여성이 대체로 남성보다 열등한 것처럼 비하되는 문화적, 사회적 경향을 말합니다. 그래서 여성혐오는 흔히 쓰였던 혐오 개념과는 상당히 다른, 사회적 차별을 함의하는 말이 되었습니다. 미소지니를 여성혐오로 번역한 것이 오히려 혼란을 주지 않았는가 하는 논란도 있답니다. 영문의 hate(헤이트)를 이전에는 증오 등으로 번역했는데, 여성혐오 개념이 쓰이기 시작하면서 hate 역시 혐오로 번역하는 경향이 늘어났습니다. 여전히 혐오보다 증오가 더 적절한 표현이라고 보는 학자들도 있습니다. 하지만 여성혐오라는 개념이 자리 잡아 가고 있는 만큼 우리는 '혐오'의 단어 뜻을 새롭게 이해할 필요가 있습니다.

주목받고 싶은 욕망과 혐오 표현

인터넷상 혐오 표현의 주요 확산지 중 하나인 ○커뮤니티는 2010년대 초반에 생겨났습니다. 처음에 이 커뮤니티는 ㄷ사이트의 베스트 게시물을 모아 보는 곳으로 알려져 있었습니다. 일종의 유머 사이트로 생각되어 청소년들도 자주 들러서 재미난 글을 보고 친구와 이야기하기도 했습니다. 하지만 특정 지역을 비하하거나 특정 정치인을 모욕하는 게시물 등을 유머로 소비해 논란이 되었습니다.

한국 사회에서 사이버 공간이 크게 양극화된 것은 대체로 2008 년, 이른바 '광우병 시위'라고 부르는 촛불 시위 이후라고들 말합 니다. 여기서 양극화되었다는 것은 다양한 정치적 견해와 의견이 공존하며 상호 논의가 이루어지는 것이 아니라 의견이 완전히 서 로 갈라서서 한쪽으로 치우친 주장만 강조되는 온라인 공간이 늘 어났다는 의미입니다. 그러면서 ㅇ커뮤니티는 정치적으로 다소 보 수적인 사람들이 주를 이루게 되었습니다. 2009년부터 지역 비하 가 늘어난다는 연구 결과[24]에서 볼 수 있는 것처럼, 2010년대 들어 서면서 극심해진 지역 비하 문제가 언론의 관심을 사게 됩니다.

지역 비하가 2010년 이후 심각해졌다면 '여성혐오'는 온라인 공 간의 시작부터 일상적인 현상이었습니다. PC 통신 시절에도 여성 에 대한 성적 언급과 희롱은 빈번했고, 여성가족부가 생긴 이후부 터는 온갖 조롱과 비하의 대상으로 여성가족부가 언급되었습니 다.[25] 그 외에도 이주민, 장애인 혐오나 성소수자 혐오가 온라인 공 간에서는 매우 일상화되었습니다. 이러한 혐오는 밈으로 소비되었 고 사람들은 그것이 재미있다고 생각하면서 댓글을 달았습니다.

온라인 공간에서는 혐오 표현을 쉽게 접할 수 있습니다. 청소년 들의 눈에도 쉽게 띄지요. 2019년 국가인권위원회에서 진행한 '혐 오 표현에 대한 청소년 인식 조사'에 따르면, 설문에 참여한 청소년 의 68.3%가 혐오 표현을 경험한 적이 있으며, 혐오 표현을 가장 많 이 경험한 장소는 온라인 공간이라고 합니다.[26]

혐오 표현에 대한 청소년 인식 조사

혐오 표현을 경험한 적이 있는가?	68.3	31.7

■ 있음 ■ 없음

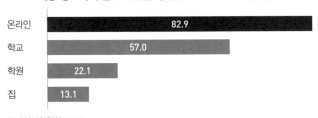

해당 장소에서 혐오 표현을 경험한 적이 있다고 응답한 청소년의 비율

온라인	82.9
학교	57.0
학원	22.1
집	13.1

국가인권위원회, 2019

왜 온라인 공간에서 혐오 표현이 두드러질까요? 익명적 상황에서는 면대면 상황보다 더 심한 말을 하게 되는 특성이 영향을 준 것으로 풀이됩니다. 또 주목을 받으려고 하는 욕망과도 관련 있지요. 예를 들어 ㅇ커뮤니티에서 혐오 표현이 확산되는 것에는 조회 수가 높은 '인기 글'이 되고 싶어 하는 주목 문화의 영향이 큽니다. ㅇ커뮤니티를 언론과 사회에서 주목하면 할수록 이 커뮤니티 이용자들은 더 적극적으로 활동하게 되는 경향이 생기게 되지요.

많은 연구자가 한국의 온라인 문화에는 다른 사람들의 주목을 쟁취하려는 욕망이 있고, 주목을 얻는 데 큰 즐거움을 느끼는 경향이 있다고 분석합니다. 온라인 환경에서 정보는 무한하게 존재하며 대체로 무료로 접근 가능합니다. 그래서 정보의 가치는 주목을 받을 때 생겨납니다. 거의 비슷한 정보인데도 얼마나 주목을 받느냐에 따라 가치가 달라지기도 합니다. "게임에서 쉽게 아이템을 획득하는 법"을 작성해 온라인 공간에 게시했을 때, 여기저기에 인용되면서 주목을 받아 유명해질 수도 있고 친구들 외에는 읽지 않는 조회수 10회 내외의 글이 될 수도 있습니다. 사람들은 자신이 작성한 내용이 많이 읽히고 인기를 얻기를 바랍니다. 이왕이면 '베스트 게시판'에 올랐으면 하지요. 페이스북의 친구 수, 인스타그램의 좋아요 수, 트위터의 리트윗 수 모두 주목을 얻고 싶은 욕망의 발로입니다.

그런데 주목을 받으려면 자극적이어야 합니다. 이 때문에 혐오 표현이 담긴 유머를 사용해 눈길을 끄는 것이지요. 이런 시각에서 보면, 언론들이 혐오 표현을 사용하는 사이트를 자주 언급하는 것은 큰 문제입니다. 조회수가 200 정도에 불과한 게시물이 언론에 자꾸 보도되는 등 주목을 받으면서 그보다 더 자극적이고 강한 표현들이 등장한 경우도 있었어요.

주목의 도구로 혐오와 유머가 채택된 것, 그래서 혐오와 유머가 연결되는 것은 어떻게 보아야 할까요? 어떤 사람들은 "웃자고 하는데 왜 죽자고 달려드느냐."라며 비판을 무시하곤 합니다. 하지만 지역에 대한 비하, 차별 발언, 그리고 여성에 대한 비하를 웃음거리로 삼는 것은 큰 문제입니다. 비하와 조롱을 통해 농담의 즐거움이 형성되었을 때 그 유머는 집단 내 정체성을 강화하면서 혐오를 정당화하는 역할을 합니다. 커뮤니티 이용자들은 특정 집단에 대한 혐오를 유머로 받아들일 수 있는 사람을 '동료'로 생각하면서, 문제를 제기하는 사람은 분위기를 깨고 우리랑 같지 않은 사람이라고 하면서 몰아내게 됩니다. 그러다 보면 해당 커뮤니티의 유머 코드는 특정 집단을 비하하는 것이 되지요. 그리고 커뮤니티 내에서 거리낌 없이 차별 발언을 하던 사람이 포털의 뉴스 댓글이나 SNS에서도 유사한 글을 남기게 됩니다. 이 사람의 주변에는 이러한 말에 동조하는 사람들이 남게 되겠지요. 그렇게 혐오와 차별이 자연스러워집니다.

『선량한 차별주의자』라는 책에서 저자 김지혜는 "남을 비하하는 유머를 통해 자신이 남보다 더 우위에 있다고 생각하는 심리적 경향의 문제"를 지적합니다. 이러한 차별적 유머가 자연스럽게 유통되면 사회적 차별이 점차 용인되는 분위기가 만들어집니다. 따라서 어떤 유머에 누가 웃는가를 질문하는 것이 중요하다고 이야기합니다. 차별적 농담에 대해서 더 이상 웃지 않을 때, 사회가 변화할 수 있기 때문입니다.[27]

혐오 표현을 법으로 규제해야 할까?

문제가 되는 혐오 표현을 규제해야 한다는 목소리가 높지만, 다른 한쪽에서는 혐오 표현을 규제하는 것은 민주주의의 주요한 가치인 표현의 자유와 충돌한다고 맞섭니다. 혐오 표현을 규제하다

보면 표현에 대한 과도한 규제가 될 것이라고 우려합니다. 특히 온라인상에서는 다양한 의견과 정치적 견해가 충돌하고 논의될 수 있어야 하는데 이를 혐오 표현이라는 이유로 사전에 차단하게 되면 결국에는 사상의 자유 또한 침해될 것이라고 걱정하지요.

이런 맥락에서 혐오 표현의 종류를 구분하여 보자고 주장하는 사람도 많이 있습니다. 모든 혐오 표현을 규제하는 것이 아니라 특별히 문제가 되는 경우를 구분해 규제하자는 주장이지요. 2019년에 국가인권위원회는 「혐오 표현 리포트」에서 여러 유형의 혐오 표현 사례를 소개했습니다. 영국 프리미어 리그에서 활동 중인 한국인 축구 선수 A씨가 경기에서 활약하자, 상대 팀의 팬들이 "그가 너의 래브라도를 잡아먹는다.(he eats your labrador.)"라는 노래를 불러 논란이 되었습니다. 래브라도는 개의 품종입니다. 리포트에서는 이를 동양인이 개를 먹는다는 편견을 드러낸 모욕적 표현 사례라고 설명했습니다. 여성을 '김치녀' '된장녀' 등으로 부르며 마치 여성들은 과소비를 일삼고 허영심이 있는 것처럼 규정하는 사례 또한 전형적인 혐오 표현으로 소개되었습니다. 사회적 편견과 차별적 인식이 담긴 혐오 표현이지요.

그런데 이러한 모욕적 혐오 표현보다 더 문제적이며 따라서 규제가 필요한 것은 선동형 혐오 표현입니다. 특정한 집단에 대한 차별과 폭력에 동참할 것을 부추기고 선동하는 표현이지요. '재일 조선인'(일제 식민지 시기에 일본으로 건너가 거주하게 된 조선인들과 그 후손)이 들었던 "조선인을 몰아내자."라는 표현, 한국에 온 난민들에게 "정부는 즉시 난민을 추방하라."라고 말한 경우가 선동형 혐오 표현에 해당하지요.[28] 이러한 선동형 혐오 표현의 경우 형사 처벌까지 가능하게 해야 한다는 목소리가 높아지고 있습니다. 모든 혐오 표현을 법으로 규제할 수는 없지만, 적어도 혐오와 차별을 선동하는 표현은 규제해야 한다는 것입니다.[29]

혐오 표현과 관련하여 표현의 자유를 주장하는 입장의 밑바탕에는 '말이 그렇게 나쁜가?' 하는 생각이 깔려 있습니다. 전통적으로 형사법에서는 물리적이고 신체적인 피해를 더 중요하게 생각합니다. 그래서 '말'이 얼마나 큰 해악인지에 대해서는 상대적으로 가볍게 여기지요. 그런데 혐오 표현의 대상이 되는 이들은 주로 사회적 소수자입니다. 오랫동안 차별과 고통을 겪은 이들에게 혐오 표현은 그저 단순한 말뿐인 것에 그칠 수 없습니다. 또 정체성에 대한 공격적이고 적대적인 표현은 피해자에게 심리적인 위해를 미칩니다.

일본에서는 재일 조선인에 대한 차별과 혐오가 오랫동안 지속되어 왔습니다. 심지어는 '혐한 시위대'가 재일 조선인이 다니는 초등학교 앞에서 확성기로 혐오 표현을 쏟아낸 일도 있었는데, 이때 어린 학생들은 얼마나 불안하고 고통스러웠을까요?[30] 당시 시위대는 학생들이 들을 수 있을 만큼 큰 소리로 "약속이라는 것은 인간들끼리 하는 것이다. 인간과 조선인 사이에는 약속이 성립하지 않는다." 등의 말을 내뱉었다고 합니다. 종종 교토나 오사카 등 일본의 주요 도시 시내에서 열리는 혐한 시위에서는 "재일 조선인들은 일본에서 살아서는 안 된다."와 같은 표현이 등장합니다. 지금 재일 조선인 3, 4세들은 일본에서 태어나 평생 일본에서만 살아온 사람들인데도 그 존재를 부정하거나, 동료 시민으로 대우하지 않는 말이지요. 이러한 표현은 재일 조선인들로 하여금 일본 사회에서 거부당한다는 느낌을 갖게 합니다. 시내를 걷다가 누군가 자신이 재일 조선인임을 알아채고 위협을 가하지 않을지 걱정하게 만들지요.

국가인권위원회는 2019년에 혐오 표현에 대한 국민 인식 조사를 진행했습니다. 이 조사에서 응답자의 절반 정도가 혐오 표현으로 인해 위축감(50.5%)과 공포심(53.1%)을 느낀다고 답했습니다. 혐오 표현을 무시(79.9%)하려고 노력하면서도 혐오 표현을 한 사람이나 혐오 표현을 당한 장소를 회피(73.4%)하게 된다고 답했지요. 혐오 표현을 경험한 피해자는 결국 행동반경과 활동 장소가 위축되는 것입니다.

온라인 공간에서 혐오 표현을 보거나 경험하면 사람들은 어떻게 할까요? 무시하는 비율이 제일 높았지만, 그다음으로 높은 것은 그 공간을 떠나는 비율이었습니다. 즉 특정 온라인 공간에서 혐오 표현이 반복되면 그곳을 떠나는 것으로 문제 해결을 하려는 사람이 많다는 것입니다. 공격당한다는 느낌을 받으면서도 계속 그 공간에 남고 싶은 사람은 없을 테니까요. 그렇게 하나둘 말 없이 떠나게 되면 특정 온라인 공간에서 특정 집단이 완전히 배제될 가능성이 생깁니다.

게임 문화가 대표적인 사례입니다. 게임은 '남성적인' 문화로 여겨지는 경향이 강합니다. 여성이 게임에 참여한다는 이유만으로

혐오 표현에 대한 국민 인식 조사

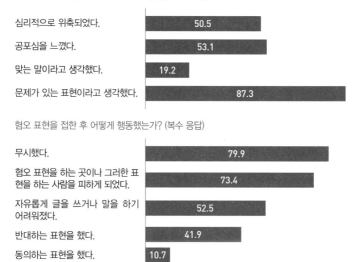

혐오 표현을 접했을 때의 느낌과 생각은? (복수 응답)

항목	수치
심리적으로 위축되었다.	50.5
공포심을 느꼈다.	53.1
맞는 말이라고 생각했다.	19.2
문제가 있는 표현이라고 생각했다.	87.3

혐오 표현을 접한 후 어떻게 행동했는가? (복수 응답)

항목	수치
무시했다.	79.9
혐오 표현을 하는 곳이나 그러한 표현을 하는 사람을 피하게 되었다.	73.4
자유롭게 글을 쓰거나 말을 하기 어려워졌다.	52.5
반대하는 표현을 했다.	41.9
동의하는 표현을 했다.	10.7
사이트관리자, 경찰 등에 알렸다.	11.4

국가인권위원회, 2019

욕설을 퍼붓고 비하하는 이용자들이 많을 정도이지요. 이러한 문제에 대해 어떤 사람은 게임 내 욕설은 너무 빈번하고 심각하기 때문에 대부분 욕설을 경험한다, 따라서 너도나도 피해자라고 말하기도 합니다. 하지만 욕설이 일반화되어 있어 모욕감을 느끼는 것과, 여성이라는 이유만으로 비하를 당하는 것은 다른 문제입니다. 게임을 시작하기도 전에, 온라인에서 랜덤으로 배치된 팀에 여성이용자가 있다는 사실만으로 '여필패'(여자가 있으면 반드시 패한다는 뜻)라며 화를 내고 욕설을 하는 경우가 대표적이지요. 여성 이용자라는 이유로 비하받고, 욕설과 성희롱에 시달려야 한다면 게임 공간에 더 이상 남고 싶지 않을 것입니다.

온라인 공간에서 특정한 집단이 배제되는 상황은, 여론을 잘못 이해하는 결과를 낳을 수 있다는 점에서도 문제가 됩니다. 미디어 효과 이론 중에는 '침묵의 나선 이론'이라는 것이 있습니다. 보통 사람들은 혼자가 되는 것을 두려워합니다. 그래서 어떤 의견이 다수라고 생각되면, 그 의견에 동조하는 말을 하게 되고, 본인의 의견이 소수 의견이라고 생각되면 의견을 입 밖으로 꺼내지 않게 된다는 이론이지요. 예를 들어, 학교에서 반 티를 맞추는 상황을 생각해 보세요. 특정 디자인이 마음에 들지 않지만, 많은 사람이 그 디자인에 찬성할 경우 굳이 그 디자인에 반대하는 의견을 말하지 않을 수 있습니다. 이것이 바로 침묵의 나선 이론에 해당되는 상황이지요. 이런 양보는 경우에 따라 필요할 수는 있지만, 여론을 반영해야 하는 정치 상황이나 사회적 차별이 일어나는 상황에서는 문제가 됩니다.

인천국제공항에서 비정규직 노동자를 정규직으로 전환하는 것이 이슈가 된 적이 있습니다. 온라인 커뮤니티에는 이에 부정적인 입장을 나타내며, 정부를 비판하는 의견들이 많았습니다. 여러 언론이 온라인 커뮤니티를 참고해 20대 청년들이 정부에 대한 지지를 철회하고 있다는 내용의 보도를 했습니다. 그런데 비슷한 시기에 실시한 여론조사에서는 정부에 대한 20대 지지율이 오히려 오

온라인 커뮤니티에서 자신의 생각과 반대되는 의견이 다수로 여겨질 경우, 사람들은 반대 의견을 내는 대신 침묵하는 경향이 있다.

른 것으로 나타났습니다.[31] 온라인 커뮤니티의 여론이 실제 여론을 제대로 반영하지 않은 것이죠. 특정 온라인 커뮤니티에 글을 쓰는 사람들은 일부에 불과했습니다. 그러나 대다수 언론은 그 커뮤니티에 다양한 청년들의 의견이 반영되고 있는지 제대로 살피지 않은 채 특정한 입장의 댓글을 중계하며 20대 청년의 여론이라고 보도했지요.

　침묵의 나선 효과 이론에서 중요한 것은 실제로는 다수 의견이 확정된 것이 아니고 찬반이 경합하고 있는데 이 효과 때문에 어떤 의견이 다수의 의견인 양 오해될 수 있다는 것입니다. 차별과 혐오 표현이 만연한 상황을 내버려 두어서는 안 되는 이유도 여기에 있습니다. 혐오 표현이 사회적으로 유행하고 다수의 생각처럼 여겨지면, 이에 대한 반론조차 없어질 위험이 있기 때문입니다. 차별적인 생각과 태도가 우리 사회의 표준으로 여겨져서는 안 될 일입니다.

3. 나쁜 말을 못하게 한다고 해결될까?

한국 사회에서 혐오 표현과 관련된 논란이 더욱 커진 데는 '남성 혐오' 표현이 모욕죄로 판결을 받은 일의 영향이 있습니다. 20대 여성 A씨는 한 인터넷 커뮤니티에 남성 작가 B씨를 모욕하는 표현을 담은 글을 올렸다가 2017년 모욕죄로 판결을 받았습니다.[32] 이 판결은 '나쁜 말'은 곧 혐오 표현이라는 인식을 심어 주었습니다. 남성을 향한 나쁜 말이 곧 '남성 혐오' 표현이라는 생각을 갖게 한 것이지요.

그러나 여성혐오와 짝이 되는 말로서 '남성 혐오'란 이론적으로 불가능하다는 것이 많은 학자들의 견해입니다. 여성혐오는 차별을 공고하게 하는 사회적 기제로서 작동하지만, 남성을 향한 나쁜 말이 남성에 대한 차별 용어로 쓰이지는 않기 때문입니다. 여기서 강조해야 할 혐오 표현의 정의 중 하나는, 사회적 차별에 근거하여 차별을 공고하게 하는 말이라는 것입니다. 즉, 혐오는 그냥 불쾌함의 문제가 아니라 사회적, 구조적인 차별을 반영하고 또 재생산합니다.

앞서 소개했던 재일 조선인에 대한 혐오 발언에서 비하의 말보다 더 문제적인 부분은 '너희 나라'로 돌아가라는 말입니다. 이미 일본에서 태어나 시민으로서 의무를 다하고 권리를 행사하고 있는 사람들을 동료로 인정하지 않고 외부로 몰아내려고 하는 것이기 때문입니다. 이러한 생각은 결국 채용 등 사회생활에서의 차별로 나타나게 되지요.

남성을 향한 나쁜 말은 불쾌하고 모욕적인 표현일 수 있습니다. 하지만 이로 인해 사회적이고 구조적 차별이 발생하는 것은 아닙니다. 모욕적인 표현이라고 다 혐오 표현은 아닌 이유입니다.

혐오 표현을 거울처럼 되받는다면?

혐오 표현에 대한 대응으로 '대항 발화'를 하는 것은 어떨까 고민해 본 사람들도 있습니다. 대항 발화는 여러 가지 형식으로 이루어지는데, 긍정적인 전략으로는 혐오 표현으로 고통받는 사람들을 지지하는 메시지를 보내는 것이 있습니다. 혐오 표현 대신 격려하는 말들을 더 많이 보게 하는 전략이지요. 또 다른 방식으로 혐오 표현을 비슷한 방식으로 되받아치는 방법도 있습니다. 이를 '미러링 전략'이라고도 하는데 거울이 물체의 모습을 그대로 보여 주는 것처럼 혐오 표현을 대상만 바꾸어 보여 주기 때문입니다. 일부 여성들이 여성혐오에 대한 대항으로 온라인상에서 사용했던 전략이기도 합니다. 해당 표현에 문제가 있다는 것을 느껴 보게 하는 방식이지요.

서구 문학에서는 백인 중심의 노예제를 정당화하는 내용을 미러링해, 반대로 비백인을 주인공으로, 백인을 혐오 대상으로 서술하게 되면 어떤 불편함이 생기는가를 보여 주기도 했습니다. 인종 차별을 비판하는 전략이지요. 『로빈슨 크루소』라는 소설을 들어 보았나요? 영국 작가 대니얼 디포가 쓴 장편소설로 1719년 영국에서 출간되어 지금까지도 널리 읽히고 있지요. 그러나 이 소설은 '제국주의적이고 식민주의적인 시각'을 담고 있다고 비판받기도 했습니다. 백인 남성인 로빈슨 크루소가 스스로를 조난당한 섬의 왕으로 칭하고, 흑인 원주민들을 야만인으로 부르며 자신에게 복종시켰다는 점에서 제국주의 국가의 모습과 비슷하다고 평가받았지요. 특히 한 원주민에게 그를 금요일에 만났다는 이유로 '프라이데이'라는 이름을 붙이고 종으로 삼았다는 점도 문제적이었어요.

프랑스 작가 미셸 투르니에는 이 소설을 뒤집어 『방드르디, 태평양의 끝』이라는 소설을 썼습니다. 1967년 출간된 이 소설은 『로빈슨 크루소』를 전복한 작품입니다. 방드르디(vendredi)는 금요일을 뜻하는 프랑스어이지요. 이 소설에서 백인 주인공은 『로빈슨 크루소』에서와 마찬가지로, 금요일에 만난 원주민에게 방드르디라는 이름을 붙여 줍니다. 그러나 방드르디는 백인에게 무조건 복종하는 야만인이 아닌, 스스로 생각하고 행동하는 주체로 묘사됩니다.

혐오 표현의 당사자가 해당 표현을 사용하며 대항하는 경우도 있습니다. 흔히 N word(엔 워드)로 완곡하게 표현되는 영어 단어는 흑인을 비하하는 욕설입니다. 하지만 흑인 래퍼들은 이 말을 가사에 자주 씁니다. 이 말이 사회적으로 금기시되었음에도 불구하고, 미국 사회에서 흑인에 대한 대우는 과거 노예들을 N word로 부르던 시절과 달라지지 않았다는 점을 비판하는 것이지요. 고운 말을 쓰면서 인종 차별을 하는 백인 사회에 대한 항의의 의미로 흑인들이 스스로를 N word로 지칭하는 것입니다.

그러나 한편에서는 미러링 방식의 대항 발화에 대해서는 회의적인 목소리도 높습니다. 사회 내 욕설의 총량을 늘리고, 소수자의 말에 대한 규제의 고삐를 당길 뿐이라는 점에서 효과적인 방법이 될 수 없다고 여기는 것이지요. N word의 경우 힙합 음악 가사에 자주 등장하게 되면서 저항의 의미보다는 오히려 힙합에서 기본 개념처럼 쓰이는 말, 굉장히 '힙한' 말로 여겨지면서 아무나 써도 되는 표현으로 생각되기도 했어요. 의도와 다른 효과가 나온 것이지요. 여성혐오에 대한 미러링 표현 중 일부는 그냥 욕설로 쓰이면서 사회적으로 욕의 총량이 증가했다는 인식을 만들어 내고 있습니다.

나쁜 말을 못하게 한다고 해결될까?

현재 우리나라는 혐오 표현보다는 그냥 나쁜 말을 규제하는 데 집중하고 있습니다. 하지만 나쁜 말, 욕설에 대한 규제는 바른 언어 사용을 추구하는 것일 뿐, 혐오에 대한 사회적 대응이 되기는 어렵습니다. 혐오 표현을 형사법으로 규제하자는 측에서는 선동형 혐오 표현들, 즉 다른 소수자에 대한 폭력을 암시하고 주장하는 행위들은 법적 규제 대상으로 보자고 주장합니다. 다른 종류의 혐오 표현들은 자율적인 규제 영역으로 두고요.

온라인 공간에서는 필터링 장치가 규제의 역할을 맡기도 합니다. 일종의 욕설 데이터베이스를 만들어서 특정 단어가 등장하면 자동으로 걸러지게 하는 것이지요. 필터링 장치도 의미는 있습니다. 그러나 이것이 유일한 대응 방식이기는 어렵습니다. 이용자들의 언어는 언제나 더 앞서 가기 때문이지요. 말은 계속해서 진화하고 변화합니다. 똑같은 말도 맥락에 따라 의미가 매우 달라집니다. 그런 말까지 다 필터링을 할 수는 없습니다. 특정한 은어가 타인을 모욕하는 데 쓰인다고 해서 이 은어를 규제하면 본래의 뜻으로 쓰일 때와 혼동될 수 있거든요. 게다가 은어는 아는 사람만 알고 모르는 사람이 많을 때도 있습니다.

애니메이션의 캐릭터를 이용한 어느 이모티콘이 출시되자마자 논란이 된 적이 있습니다. "오또케"라는 말 때문이었습니다. "오또케"는 "어떡해"를 귀엽게 발음하는 말이지만 온라인상의 은어로 다른 의미도 있습니다. 여성이 직장에서 제대로 일 처리를 하지 못하고 남성에게 기댄다는 여성혐오적 의미를 담고 있지요. 하지만 이 표현을 쓰는 사람 모두가 이런 의미로 쓰는 것인지 우리는 알 수가 없습니다. 그러니 이 표현 자체를 못 쓰게 하는 데 집중하기보다는, 이런 표현이 만들어지지 않으려면 무엇이 필요할지 더 근본적인 대책을 고민해야 합니다.

혐오 표현에 어떻게 대항할까

욕설과 나쁜 말을 막는 것보다 왜 혐오 표현이 나쁜지 그에 대한 인식을 세우는 것이 더 중요합니다. '여성혐오'는 여성이 남성과 동등한 존재라는 것을 인정하지 않기 때문에 발생합니다. 성 소수자 혐오 역시 마찬가지로, 성 소수자의 존재를 인정하지 않으려는 차별적인 생각에서 시작됩니다. 존재를 부정하는 것이 혐오 표현의 핵심 문제이자, 이를 규제해야 하는 이유이기도 합니다.

그렇다면 이러한 혐오 문화에 어떻게 대응해야 할까요? 아직 우리나라에는 혐오 차별 표현을 규제하는 법제도는 없습니다. 모욕죄를 통해 특정인에 대한 욕설을 처벌하는 정도지요. 그래서 혐오 표현에 대한 자율 규제가 중요하다는 점이 계속 강조되는 중입니다. 저는 법으로 규제하는 것 즉 형사 처벌은 혐오의 선동 표현에 한정하고, 차별적 인식을 강화하고 타자를 비하하는 표현은 사회적 인식을 바꾸고 자율 규제함으로써 해결해야 한다는 입장입니다. 이를 위해서는 포괄적 차별 금지법의 제정이 중요합니다. 민주주의 사회에서 차별이 문제라는 인식이 널리 퍼지려면 선언적인 의미에서의 차별 금지법이 필요하기 때문입니다.

포괄적 차별 금지법은 성별, 장애, 병력, 성적 지향, 고용 형태, 출신 국가, 인종 등을 근거로 한 불합리한 차별을 금지하자는 법입니다. 그간 입법화하려는 시도가 6차례나 있었으나 번번이 무산되었습니다. 2020년 국회에서 다시 한번 포괄적 차별 금지법이 발의되었고, 국가인권위원회는 평등법이라는 이름으로 비슷한 법안을 만들 것을 권고하였습니다. '포괄'이라는 말은, 남녀 차별 금지, 장애인 차별 금지 등 개별적인 차별 금지법에서 포괄되지 않는 문제를 해결하기 위한 법이라는 의미를 담고 있습니다. 현대 사회의 차별은 다층적이고 중첩되는 경우가 많으니 차별마다 다 따로 법을 만들기보다 한 개의 법에서 헌법 정신에 맞추어 판단하는 것이 좋다는 실용적인 의미도 있지요.

포괄적 차별 금지법은 표현 자체를 금지하는 법은 물론 아닙니다. 다만, 우리 사회가 무엇을 차별이라고 보는지 명확하게 함으로써 그런 표현들을 다시 한번 생각해 보게 할 수 있을 것입니다. 그리고 그러한 표현을 공연히 말하는 것이 어떤 문제를 일으킬지 알수 있게 할 것입니다.

차별 금지법을 통해 무엇이 우리 사회에서 비가시화되어 있는 차별·혐오였는지를 인식할 수 있는 기회가 만들어질 것입니다. 국가인권위원회는 평등법에 대해 "우리가 삶의 공간에서 고립되거나 배척될지 모른다는 두려움 없이 자신의 정체성과 의견을 말할 수 있을 때 표현의 자유 역시 누릴 수 있다."라고 하였습니다.[33] 온라인상의 진정한 표현의 자유를 실현하기 위해 차별 금지법이 필요합니다.

4부

유튜브는
어디까지
알고 있을까?

1. 스스로 내어 준 개인 정보

미국에서는 오래전부터 기업들이 사람을 뽑을 때 지원자의 SNS 계정을 구글에 검색한 후 평가에 반영해 왔다는 소문이 있습니다. 2012년 국내 보도에 따르면 실제로 미국 뉴욕시에 있는 한 기업의 채용 담당자는 지원자에게 페이스북 아이디와 비밀번호를 알려 줄 것을 요구했습니다. 단순히 SNS 계정을 살펴보는 단계를 넘어서 로그인까지 요구한 것이지요.[34] 국내 일부 기업들도 지원자의 자기소개서에 SNS 계정을 쓸 것을 요구합니다. 그래서 구직자들이 취업 준비를 할 때 페이스북 계정을 닫는 일도 있다고 해요. 이를 보도한 언론에서는 취업 준비생 사이에 기업의 SNS 감시가 자연스럽게 여겨지고 있다고 지적했습니다.[35]

그러나 기업이 구직자의 SNS를 살펴보는 것은 엄격히 말해 사생활 침해에 해당합니다. 개인이 의견을 표명할 자유를 침해하는 것이지요. 2016년 한 게임업체가 노동자의 SNS 메시지를 빌미로 노동권을 침해해 문제가 된 적이 있습니다. 일러스트레이터들이 SNS에서 페미니즘을 지지한 사실을 문제 삼으며 업계에서 퇴출하겠다고 압박한 것이지요. 한국여성민우회라는 시민 단체의 SNS를 팔로우했다는 이유로, 업체 대표가 "불순한 사상을 표현"했다며 직원을 나무라고 경위서를 받은 일도 있었습니다.

기업이 노동자의 SNS를 감시하며 참견하려 드는 것은 큰 문제입니다. 그런데 이렇게 개인의 SNS를 추적하고 관련된 자료를 공개하는 일은 너무나 쉽습니다. 현행법상 특정인의 SNS를 찾아보는 것이 특별히 불법도 아니지요.

기업의 SNS 감시에 대한 비판의 목소리는 꾸준히 높아지고 있습니다. 일자리를 약점으로 삼아 표현의 자유를 침해하는 것은 안 될 일입니다. 하지만 기업의 SNS 감시를 금하는 법이 만들어지려면 아직 시간이 필요해 보입니다.

프라이버시에 대한 모순된 태도

무심코 SNS에 올린 사진 한 장으로 인해 개인 정보가 유출되고 사생활 침해가 일어나기도 합니다. 요즘에는 구글 맵, 구글 위성 정보 등으로 거리거리마다 사진으로 확인이 가능하기 때문에 집에서 찍어 올리는 사진의 구도만 보고도 주소를 알아낼 수 있습니다. 주로 유명 연예인을 '스토킹'하는 범죄자들이 이런 정보를 이용합니다. SNS에 집이나 집 주변 장소를 노출하지 말라고 당부하는 것은 이 때문입니다.

프라이버시 패러독스privacy paradox라는 말은 이러한 맥락에서 만들어졌습니다. 패러독스는 겉으로 보기에는 앞뒤가 맞지 않지만, 실질적인 내용은 진리를 나타내는 경우를 말합니다. 프라이버시 패러독스는 사람들이 가지고 있는 프라이버시에 대한 태도와 행동이 다르다는 것을 가리킵니다. 사람들은 프라이버시가 중요하다고 생각하지만, 실제 행동에서는 눈앞의 작은 이익을 위해 개인 정보를 쉽게 내놓는 경향이 있다는 것이지요.[36] 예컨대 인터넷 쇼핑몰에서 5천 원을 할인해 준다면서 개인 정보를 요구하면 금방 입력해 버리곤 합니다. 또 페이스북 친구가 추천하면 별 의심 없이 정보를 제공하기도 해요. SNS에서 인기를 얻으려고 사적인 정보가 담긴 사진을 자발적으로 올리기도 합니다.

그럼 무슨 일이 일어나든 그렇게 개인 정보를 올린 사람의 잘못일까요? 개인 정보 유출의 책임을 이용자에게 물을 수는 없습니다. 피해자가 먼저 조심했어야 한다는 말은 부당한 측면이 있지요. 한 개인이 무심코 공개한 정보를 조합하여 그 개인의 사적 정보를 찾아내는 것이 자연스러운 일은 아니니까요. 그리고 이를 통해 돈을 버는 주체는 대체로 기업이지, 개인이 아닙니다.

내 취향을 수집하는 인터넷

다양한 디지털 미디어 기술이 발전하면서 개인의 사생활이 침해될 가능성이 높아지고 있습니다. 기술 그 자체는 중립적이지만, 이러한 기술을 악용하는 사람들이 생겨나는 것이지요. 예를 들어 드론과 같은 영상 촬영 장치를 이용해 멀리서, 그리고 하늘에서부터 개인의 생활을 촬영하고 감시하는 사람이 있습니다. 나도 모르는 사이에 촬영을 당할 수 있어요. 해킹 등의 사이버 범죄도 빈번하게 일어나고 있습니다. 여러분 중에도 가입한 사이트에서 개인 정보가 유출되었다고 사과하는 연락을 받은 경우가 있을 것입니다. 이렇게 유출된 개인 정보는 '보이스 피싱' 범죄에 이용되곤 합니다.

불법은 아닌데 내 개인 정보가 활용되는 영역도 있습니다. 내가 보는 영상과 콘텐츠가 무엇인지 확인한 뒤 관심을 가질 만한 제품 광고를 계속해서 보여 주는 맞춤형 광고가 대표적입니다. 특히 페이스북은 이용자들의 앱 사용 기록이나 웹 사이트 방문 기록까지 수집해 맞춤형 광고를 제공합니다. 이용자가 다른 포털 사이트에서 특정 옷을 검색했으면 페이스북에 들어갔을 때 옷과 관련된 광고가 뜨는 식입니다. 페이스북에서 한 활동이 아닌데도, 페이스북에서 옷 광고를 보게 됩니다.

아들이 쓰는 컴퓨터에서 아버지가 탈모에 대해서 한 번 검색했는데 이후 모든 웹 사이트에서 가발 광고가 뜨기도 해요. 물론 쿠키 삭제나 광고 차단 앱 등을 통해 문제를 해결할 수도 있습니다.

그러나 내가 인터넷에서 어디를 돌아다니는지 누군가 수집하고 있다는 사실은 막연한 불안감을 줍니다. 이렇게 수집된 정보들은 기업의 이익을 위해 활용되는데도 개인은 어디서 어떻게 수집되는지 모른다는 것은 문제가 있습니다. 매일 수십 개가 넘는 앱을 사용하는 사람들은 어디서 언제 자신의 정보가 수집되고 있는지 알 길이 없습니다.

이처럼 저도 모르게 개인 정보가 플랫폼에 의해 수집되는 것을 '온라인 트래킹'이라고 합니다. 물론 플랫폼 측에서는 '저도 모르게'가 아니라고 항변할 것입니다. 이용자가 플랫폼에 가입하면서 직접 '동의합니다'에 체크했다고 주장하지요. 사실이기도 합니다. 그런데 이런 약관은 법률적 용어가 등장해 이해하기가 어렵고, 또 내용도 길어 약관을 제대로 읽지 않고 동의하는 경우가 대부분입니다.

방송통신심의위원회는 "웹 사이트 방문 이력, 앱 사용 이력, 구매 및 검색 이력 등 이용자의 관심, 흥미, 기호 및 성향 등을 파악하고 분석할 수 있는 온라인상의 이용자 활동 정보를 수집하는 행위"로 온라인 트래킹을 정의합니다. 우리나라의 경우 온라인 트래킹으로부터 소비자를 보호하기 위한 규제가 느슨한 편입니다. 정부의 직접 규제보다는 자율적 규제를 강조하고 있지요.[37]

반면 유럽 연합[EU]은 온라인 트래킹에서 소비자를 보호하기 위해서 기업의 책임을 강조합니다. 기업이 민감한 정보를 유출한 경우 막대한 금액의 과징금을 물게 합니다. 최대 과징금으로 해당 기

스마트폰에 설치된 일부 앱들은 이용자의 정보를 추적해 구글, 페이스북 등 광고 사업자에 제공한다.

업의 전 세계 연간 매출액의 4% 또는 2000만 유로(우리 돈으로 약 265억 원) 중 더 높은 금액을 부과하지요. 종종 우리나라 기업의 개인 정보 유출 사고가 생각보다 적은 벌금으로 마무리되었다는 소식을 들을 때가 있습니다. 대형 포털인 N사는 2019년에 블로그 운영자 2200명의 개인 정보를 유출했습니다. 그러나 N사가 낸 벌금은 4020만 원에 불과했습니다. 이렇게 과징금 액수에 차이가 있다 보니 국내 기업들이 정보 보호 노력에 취약하다는 이야기도 나올 정도입니다.

　인터넷을 이용하는 사람들은 자신의 정보를 통제할 수 없는 것은 아닌가 하는 불안감은 물론, 기업뿐 아니라 정부에 의해 감시받

구글 광고 설정이 파악하고 있는 이용자의 모습.

을 수 있다는 의심을 자연스레 갖게 됩니다. 그러면서도 개인 정보 제공에 대해 일일이 따져 보지 않습니다. 사이트에 가입할 때 동의하라고 안내된, 개인 정보 취급에 대한 설명이 어떤 의미인지 알기 어렵기 때문입니다. 따라서 기업이 먼저 나서서 개인 정보 보호에 관련된 내용들을 좀 더 쉽고 눈에 잘 뜨이도록 만들어야 합니다. 어떤 문제가 생길 수 있는지에 대해서 상세하고 친절하게 안내하는 노력도 필요합니다. 물론 우리 개개인 역시 이러한 동의 내용을 꼼꼼하게 읽어 보려고 노력해야 해요. 친구가 추천한다고 해서 읽지도 않고 서명하거나 동의하는 일은 없어야겠지요.

구글의 광고 설정에 들어가면, 지금까지 내가 구글에서 검색한 기록과 시청한 영상 등을 바탕으로 구글이 파악한 나의 나이, 관심사, 결혼 여부 등을 알려 주는 것을 볼 수 있습니다.[38] 혹시 여러분도 궁금하다면 구글이 보는 나를 한번 확인해 보세요. 물론 구글의 분석 내용이 정확하지는 않습니다. 연인이 없는데 연애 중으로 파악하거나 나의 관심사를 전혀 엉뚱하게 알기도 하지요. 중요한 것은 구글이 내가 가는 사이트, 보는 영상물, 듣는 음악, 검색 내역을 확인할 수 있다는 것입니다. 그리고 이를 활용해서 내게 무언가를 추천하고 또 사라고 권유하며 나아가 특정한 주장이 담긴 영상만을 보여 줄 수도 있습니다. 나의 생각의 범위가 기술에 의해 결정되거나 제한될 수 있는 것입니다.

2. 유튜브와 생각 조종

이용자가 인터넷에서 무엇을 보고 있는지 그 정보를 가장 적극적으로 활용하는 플랫폼은 유튜브입니다. 이런 유튜브에 대해서는 상반된 시각이 있지요.

장래 희망을 묻는 여러 설문 조사에 따르면 많은 초등학생이 유튜버를 꿈꾼다고 합니다. 1인 방송은 자신의 잠재력을 발휘할 수 있는 새로운 일로 여겨집니다. 자신만의 관점으로 콘텐츠를 제작하고 이를 통해 세상과 소통하며 돈을 버는 신나는 직업이라고들 생각하지요. 유튜브를 긍정적으로 보는 사람들은 유튜브가 자신의 생각을 다양한 형식으로 자유롭게 펼칠 수 있는 공간이며, '참여 문화'participatory culture의 대표적 형식이라고 평가합니다. 참여 문화는 말 그대로 이용자들이 적극적으로 참여해 만들어 내는 문화입니다. 놀이의 성격을 띤 다양한 문화 요소들을 창조적으로 조합하고 즐기며, 집단 지성을 통해 새로운 지식을 만들어 내는 것을 말합니다.[39] 유튜브는 다양한 사람이 자기 의견을 자신만의 방식으로 표현하고, 정보를 제공하고, 즐거움을 주는 콘텐츠를 생산해 낸다는 점에서 참여 문화라고 할 수 있지요. 누구나 정보를 생산할 수 있기 때문에 유튜브는 과거 어떤 미디어보다 민주적이라고 평가받기도 합니다. 다양한 정보가 올라오기 때문에 유튜브에는 정말 없는 것이 없다고들 합니다. '민들레로 김치를 만드는 법'도 찾아볼 수 있을 정도니까요.

우리는 유튜브에서 생산자가 될 수 있지만, 여전히 정보 소비자이자 수용자로 활동하는 경우가 더 많습니다. 정보를 수용하는 사람들에게는 유튜브를 비롯한 인터넷 공간이 '에코 체임버echo chamber'와 같다는 말들을 많이 합니다. 에코 체임버를 우리말로는 '반향실'이라고 합니다. 반향실은 방송이나 녹음 등을 할 때 소리를 울리게 해서 소리가 되돌아오게 만드는 특수 효과를 위해 만들어진 공간입니다. 즉, 같은 소리가 되돌아오는 반향실에 있는 것처럼 유튜브에서는 동일한 의견을 가진 사람들끼리만 만나고 이야기한다는 것입니다. 유튜브에는 너무 많은 정보가 있어서 한 사람이 모든 채널에 접속할 수도 없고, 접속한다 해도 모든 정보를 다 접하기는 어렵습니다. 그래서 사람들은 자신이 보고 싶은 것을 중심으로 영상을 클릭하고, 그렇게 접한 뉴스나 정보 들을 자신의 SNS에서 추천합니다. 이렇게 선택적으로 정보를 얻을 수 있는 환경이기에 사람들은 자신의 생각과 비슷한 의견, 동일한 의견만 고른다는

것이지요.[40]

이와 유사한 개념으로 필터 버블filter bubble이라는 말도 있습니다. 미국의 한 시민 단체 대표인 엘리 프레이저가 자신의 책『생각 조종자들』에서 소개한 개념이지요. 필터 버블은 자신과 비슷한 사람들과 유사한 정보만을 공유하는 현상을 말합니다. 특히 맞춤형 알고리즘이 내가 관심을 가질 만한 것, 좋아할 것들만 계속해서 추천해 주기 때문에, 다른 취향이나 다른 견해를 접할 기회 자체를 잃어버리게 된다는 것입니다.[41] 추천 알고리즘은 도처에 존재합니다. 넷플릭스, 왓챠플레이 등의 서비스는 취향 기반의 추천을 통해 내가 보고 싶어 할 만한 영화와 드라마를 알려 줍니다. 내 취향에 맞추어 추천된 콘텐츠가 무궁무진하기 때문에, 다른 것에 눈 돌릴 틈이 없습니다.

내가 좋아하는 영화나 드라마를 계속 보는 것이 나쁜 일은 아닙니다. 하지만 우리가 경험할 수 있는 세계를 좁히는 결과를 가져올 수 있지요. 단순히 취향의 범주만이 아니라 정치적 의견이나, 사회적 판단에 있어서 생각의 범주가 좁아진다면 정말로 큰 문제가 될 수 있습니다.

다른 생각을 알지 못하게 되는 문제

우리나라는 민주주의 국가입니다. 민주주의 사회에서 이견을 접하는 것은 매우 중요합니다. 그래야 공론장이 구성되니까요. 민주주의는 기본적으로 다양한 이해관계와 의견이 충돌하는 가운데 가장 합리적인 혹은 현재 상황에서 가능한 대안들을 찾아 가는 것을 목표로 합니다. 예를 들어, 원자력 발전소 건설은 각 나라에서 논쟁이 치열한 주제입니다. 값싼 전기 공급이라는 장점이 있지만 방사능 사고 위험과 환경 문제라는 단점도 분명하기 때문입니다. 원전 건설을 찬성하는 사람들은 반대하는 사람들이 무엇을 말하는지 들어 봐야 합니다. 그래야 계속해서 발전소를 건설해도 문제가 없을지 판단할 수 있기 때문입니다.

그런데 유튜브와 알고리즘의 시대에는 반대하는 사람들의 견해를 접할 기회가 줄어듭니다. 알고리즘 시대에는 정보가 내 눈 앞으로 몰려 들어옵니다. 유튜브 영상 재생 시 옆에 뜨는 추천 목록은, 지금 내가 보고 있는 영상을 본 다른 사람들이 클릭한 영상이 되기 쉽다고 합니다. 취향 문화에서는 이러한 속성이 장점으로 작동합니다. 최근 케이 팝이 해외에서 많은 인기를 끌고 있는데, 유튜브에서 케이 팝 뮤직비디오를 하나 보게 되면 관련된 그룹, 혹은 유사한 그룹 영상들을 계속 보여 줍니다. 그래서 다양한 케이 팝 그룹과 음악을 알게 되고, 점점 더 케이 팝에 빠지게 됩니다. 반대로 생각하면 리듬 앤 블루스 장르를 좋아하는 사람들은 케이 팝에 유입될 가능성이 거의 없어집니다. 만약 앞서 예로 든 원자력 발전소 건설이라는 사안을 살펴볼 때에도 유튜브 알고리즘이 작동한다면? 이는 취향이 아니라 사회적으로 큰 영향을 미치는 중대한 사안이라 문제가 되겠지요. 한쪽의 입장만 계속 보게 될 테니까요.

최근 유튜브에는 안티 페미니즘을 표방하는 영상이 늘어나고 있습니다. 특정 정당을 지지하거나, 근거 없는 음모론을 퍼트리는 채널도 많습니다. 이런 영상을 볼 때에는 비판적으로 생각하며 이에 반대하는 사람들의 의견도 찾아보는 것이 필요합니다. 알고리즘에 따라 추천 영상을 보다 보면, 계속 같은 이야기를 반복해서 듣고, 댓글에서도 한 방향의 목소리만 접하게 될 수 있습니다. 다른 의견은 살펴볼 것도 없이 어느새 자신의 의견만 맞는다고 생각하게 될 수 있습니다.

게다가 유튜브와 같은 1인 방송의 제작 방식은 기존 언론사와는 다릅니다. 방송사는, 공적인 성격의 전파를 쓰기 때문에 사회에 기여할 책임이 있습니다. 정부를 감시하고, 다양한 소수자의 목소리를 반영해야 할 책무가 있지요. 하지만 유튜브는 개개인이 자신이 하고 싶은 말, 하고 싶은 행위를 하는 공간으로 인식되어 있고, 법적으로도 공적 책임을 질 의무가 없습니다. 유튜브 및 아프리카TV 등 개인 방송 업체들은 자율 규제의 틀 안에서 어떤 내용을 방송하지 않아야 한다는 가이드라인을 두고 있지만, 이는 법적 의무는 아닙니다. 그렇다 보니 유튜브의 정보들은 기존 언론사들이 제공하는 정보보다 훨씬 더 자극적일 때가 많습니다. 특정한 사실을 부풀리거나, 개인 의견에 의존해 사실 확인이 덜 된 정보들을 전달하기도 합니다.

언론사가 오보나 편향적 정보들을 내보내게 되면 언론중재위원회 등에서 정정 보도나 반론 보도 등을 하라고 조치할 수 있고 사실을 바로잡을 가능성이 있습니다. 하지만 유튜브에는 이러한 기대를 하기가 어렵습니다. 지구가 평평하게 생겼고 현재의 우주 과학 정보는 모두 조작된 것이라는 거짓 주장을 담은 '지구평평설'과 같은 허위 정보가 인기를 얻어 유통되기도 합니다. 이러한 영상물들 중에는 조회수가 수천만에 이르는 영상들도 있습니다. 유튜브 내용은 허위 정보인지 아닌지 알기 어려운 특성이 있기 때문에, 꼼꼼하게 따져 보면서 확인해야 합니다.

사람들이 알고리즘만 따라가지는 않습니다. 그래서 필터 버블에 대한 우려는 조금 과도한 것일 수도 있습니다. 실제로 사람들은 추천 영상을 그냥 멍하게 보기보다는 적극적으로 선택합니다. 하지만 이러한 선택이 자신의 선호에 따른 결과라면 알고리즘을 따라한 것과 큰 차이가 없게 될 것입니다. 결국 소통이 무엇인지 다시한번 생각해 봐야 합니다. 각자 의견만 옳다고 하면서 남의 말을 듣지 않는 것도, 내 말이나 남의 말이나 똑같이 옳다면서 조율하지 않으려는 것도 소통이라고 할 수 없습니다. 각자가 옳다고 믿는 것은 다양할 수 있지만 그중에서 가장 합리적이거나, 합당하거나, 더 이익이 되거나, 사람들에게 덜 해가 되는 방안은 존재하기 마련입니다. 이를 믿고 합의를 이끌어 내는 대화를 하는 것이 소통이자 민주주의의 기본 토대입니다.

3. 우리에게는
잊힐 권리가 있다

개인의 온라인상 활동 기록을 구글과 같은 거대 기업이 가지고 있는 데 대한 불안감과 사회적 조건들이 맞물리면서 '디지털 기본권'이라는 개념이 생겨났습니다. 이는 디지털 정보의 유통과 통제에 대한 권리를 말하는 개념인데, 여기에는 '인터넷에 접속할 수 있어야 한다.' '표현의 자유가 보장되어야 한다.' '개인 정보의 활용에 대한 주체가 되어야 한다.' '잊힐 권리를 보장받아야 한다.' 등의 내용이 포함됩니다.[42] 이 중 잊힐 권리에 대해 이야기해 보겠습니다.

온라인에서 잊힐 권리

2010년대 들어 처음으로 온라인 프라이버시 권리로서 잊힐 권리 the Right to be Forgotten가 제안됩니다. 잊힐 권리와 관련된 유명한 소송으로 구글 대 곤잘레스의 소송이 있습니다. 스페인의 변호사 마리오 코스테하 곤잘레스는 구글에서 자기 이름을 검색하면 과거 세금을 체납했던 내용이 담긴 1998년 뉴스가 검색된다며 이를 삭제해 달라고 스페인 개인정보보호원에 청구했습니다. 개인정보보호원이 기사는 그대로 두되 관련 링크를 삭제할 것을 결정했는데 구글이 이에 반발하여 소송을 하게 됩니다.

소송에서 누가 이겼을까요? 법원은 곤잘레스의 손을 들어 주었습니다. 유럽사법재판소CJEU는 2014년 "제3자의 웹 페이지에 게재된 자신의 개인적인 정보가 설령 합법적으로 공표된 것이고 또 진실된 정보라고 하더라도 정보 주체가 자신에게 해로울 것을 우려하거나, 일정한 시간이 지나면 망각 속으로 사라지길 원할 때 인터넷 이용자에게 더 이상 알려져서는 안 되며, 해당 정보를 검색 엔진이 색인하지 못하도록 하거나 이름으로 검색된 결과의 목록에서 웹 페이지로 연결되는 링크를 삭제하도록 요구할 수 있는 권리"[43]로 잊힐 권리를 정의했습니다. 법원은 구글이 이 링크를 삭제해야 한다고 판결했습니다.

잊힐 권리의 핵심은 정보의 삭제와 유통에 대해서 개인이 자기 권리를 얼마나 주장할 수 있는가입니다. 잊힐 권리가 이야기되는 것은 그만큼 온라인 플랫폼들이 개인 정보를 과도하게 가지고 있다는 의미이기도 합니다. 예를 들어 과거 인스타그램에서는 비밀 잠금 계정으로 설정하더라도, 공개 계정인 친구들과 이야기하거나 친구들에게 태그된 기록이 남아 있는 경우, 계정이 구글에서 검색되었습니다.

현재 온라인 세계에서는 정보가 한번 확산되면 이를 수정하거나 삭제하기가 매우 어렵습니다. 초기에는 개인 정보라는 것이 단순히 개인의 신상 정보, 생년월일, 주소 정도였으나 이제는 평판 정보는 물론 사상이나 신념, 정치적 견해, 건강 정보 등 인간에 대한 광범위한 정보를 포괄하는 범위로 확장되었습니다. 검색 엔진을 잘 쓸 줄 안다면 누구나 이를 쉽게 추적해 낼 수 있지요. 이런 상황에서 디지털 개인권의 일부인 잊힐 권리가 중요해집니다.[44]

하지만 여전히 법적, 제도적 개선이 필요한 영역이 많습니다. 지금은 자신과 관련된 모든 것을 다 삭제해 달라고 요구할 수 없습니다. 언론 보도의 경우, 수십 년 전 기사까지 모두 검색되는데 범죄 사실과 관련된 보도를 무조건 삭제해 달라고 요청할 수는 없다고 합니다. 2014년 유럽사법재판소의 판결에서 나온 잊힐 권리는 검색 엔진에서의 링크에 대한 것이지, 기사 자체의 삭제에 대한 것은 아닙니다. 우리나라 대법원은 피해자의 명예가 침해된 경우 언론사의 기사 삭제를 정당화할 수 있지만, 이 경우에도 공공의 이해에 관한 것이라면 무조건 기사를 삭제하는 것이 아니라 언론의 자유와 인격권 사이에 어떤 이익이 더 큰지를 견주어 보도록 하고 있습니다.

'신상 털기' 문화의 문제

잊힐 권리에 관한 법적 쟁점은 법학자들이 풀어 가고 있다면, 문화적으로 고민해야 할 부분은 우리 인터넷 문화의 이른바 '신상 털기'입니다. '신상 털기'는 특정인의 신상 관련 자료를 인터넷 검색으로 찾아내 무차별 공개하는 것을 말합니다.[45] 인터넷상에서 이것은 하나의 놀이 문화가 된 경향이 있습니다. 일부 사람들은 공명심, 정의감 등에서 '신상 털기'를 하지요. 이는 큰 문제입니다. 대표적으로 2005년의 한 사건을 예로 들 수 있습니다. 한 여성이 지하철에 개를 데리고 탔는데 개가 그만 지하철에 변을 보았습니다. 여성은 이를 치우지 않고 지하철을 내려 버렸지요. 누군가 이 모습을 사진으로 찍어 인터넷에 올리고 여성의 신상을 공개하면서 이 여성이 비난받아 마땅하다는 여론을 형성했습니다.

물론 이 여성은 잘못을 저질렀습니다. 하지만 이 잘못이 온라인 공간에 신상 정보가 공개될 만한 일은 아닙니다. 우리나라의 신상 공개 제도는 특정 강력 범죄의 처벌에 관한 특례법 8조 2항에 나와 있는데 피의자가 미성년자가 아닐 때, 범행 수법이 매우 잔인하고 피해가 중대하며, 죄를 지었다는 충분한 증거가 있을 때, 그리고 이것이 국민의 알 권리와 공공의 이익에 관한 것일 때에만 제한적으로 얼굴과 실명 등을 공개할 수 있습니다. 예외적으로 성폭력 범죄자의 경우 2010년부터 성범죄자 알림e를 통해 인터넷으로 신상 공개가 되고 있는데 이 정보 역시 타인에게 알려 주면 안 되도록 되어 있습니다.

이처럼 신상 공개는 법률적인 판단을 따르는 조심스러운 행위입니다. 어디까지나 중대 범죄를 저질렀을 경우 이루어지는 것이고요. 하지만 한국의 인터넷 커뮤니티에서는 종종 정의를 구현한다는 이유로 개인의 신상 정보를 공개하는 일이 일어납니다. 이는 개인에게는 엄청난 압력이 되어 이로 인해 개인 생활의 일부를 포기하는 일도 많습니다.

정의는 '신상 털기'의 목적이 될 수 없습니다. 다른 사람의 정보를 공개해 창피를 주고 생활에 불편을 끼치는 것은 전혀 정의롭지 못합니다.

예를 들어 현재 채식을 지향하는 사람이 3년 전에는 고기를 즐겨먹으며 SNS에 고기 사진을 올리는 사람이었을 수 있습니다. 그렇다고 해서 과거 게시물을 증거로, 이 사람이 위선적이라고 비난한다면, 이는 인간에 대한 존중이 없는 행위입니다. 사람은 누구나 변하기 마련이라는 점을 생각하지 않는 것이지요.

신상 정보 공개 행위는 법적으로 처벌받을 수 있습니다. 타인의 신상 정보를 해킹 등 불법적 방법으로 얻었다면 범죄가 됩니다. 이미 공개된 정보를 전달만 했더라도, 해당 정보가 명예 훼손으로 판단될 경우 처벌을 받을 수 있습니다. 하지만 처벌을 받기 때문에 이런 행위를 하면 안 된다는 소극적이고 방어적인 관점을 갖기보다는 무엇이 다른 사람을 존중하는 태도인지에 대해 명확히 인식하는 것이 더 중요합니다.

설사 그 사람이 중대 범죄자라고 하더라도 온라인상에서 특정한 사람에게 모욕을 주는 일은 문제 해결에 필수적인 과정이 아닙니다. '신상 털기'에 참여하면 그 순간 무언가 해냈다는 공명심을 누릴 수는 있겠지만, 문제의 본질적 해결을 방해할 수 있습니다. 또 알고 보니 동명이인인 사람이었다거나 허위 사실이나 과장된 정보였다면 더 큰 문제가 되겠지요?

문제의 확산 속도가 빠른 온라인 세계에 있다 보면 공적인 문제 해결 절차가 너무 느리고 불편하게 느껴질 수도 있지요. 그렇지만 사회의 문제는 사회가 함께 마련한 법과 제도 안에서 해결되는 것이 바람직합니다. 그랬을 때 진정한 정의를 실현할 수 있습니다.

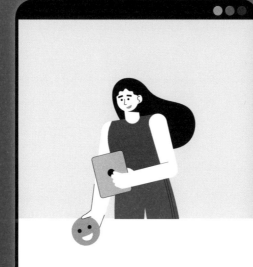

5부

가짜 뉴스에
맞서는 법

1. 진실보다 신념이 먼저인 사람들

　세계적으로 유명한 사전인 영국의 옥스퍼드 사전은 매년 그 해를 가장 잘 반영하는 '올해의 단어'를 선정합니다. 2016년 옥스퍼드 사전이 정한 올해의 단어는 '포스트-트루스post-truth'였습니다. 포스트post는 '~후의' '~다음의' 등의 뜻을 지닌 접두사입니다. 트루스truth는 사실, 진리, 진실 등을 의미하고요. 포스트-트루스는 두 단어의 합성어입니다. 옥스퍼드 사전은 포스트-트루스를 '객관적 사실보다 개인의 신념과 감정에 호소하는 것이 여론에 더 큰 영향력을 발휘하는 현상'이라고 설명했습니다.

　우리나라에서는 포스트-트루스를 진실에서 벗어난다는 뜻의 '탈진실'로 번역합니다. 이 개념이 어떻게 처음 생겨났는지는 잘 모르지만 2016년 위키피디아에 독립 항목이 처음 생길 정도로 꽤 유명해졌습니다. 그해 미국에서 도널드 트럼프가 대통령에 당선된 것, 영국에서 브렉시트(Brexit, 영국의 유럽연합 탈퇴)가 통과된 것 등 다양한 정치 사건과 더불어 널리 알려졌지요.

진실을 외면하거나 혹은 불신하거나

포스트-트루스라는 개념은 이해하기가 다소 까다롭습니다. 사람에 따라 다르게 이해하기도 하지요. 이 개념은 분명히 존재하는 진실에서 벗어나 다른 것을 믿는 것, 혹은 진실이 가려져 있거나 알려지지 않은 것을 의미합니다. 탈진실로 번역하는 우리나라에서는 진실에서 벗어났다는 의미로 '탈'을 쓰니, 특히나 이런 의미로 읽히지요. 그러나 한편으로는 진실이 있든 없든 상관없다는 뜻으로 이해되기도 합니다.

예를 들어, 일본 정부는 식민 지배에 대한 책임을 제대로 인정하지 않고 있습니다. 일부의 일본 언론, 그리고 학자들이 나서서 일본군 '위안부' 문제에는 일본의 책임이 하나도 없으며, 일본군 '위안부' 피해자들은 자발적으로 돈을 벌기 위해 전쟁터로 나갔다고 주장하기도 하지요. 2020년 미국 하버드 대학의 교수 마크 램지어는 「태평양 전쟁에서의 성 계약*Contracting for Sex in the Pacific War*」이라는 논문을 발표하며 일본에는 아무 책임이 없다는 주장을 다시 한번 펼친 바 있습니다. 강제 연행이 없었다는 주장을 계속하면서 학계의 권위를 빌려 식민지 여성의 피해를 부인하고자 하는 것입니다. 일본군 '위안부' 피해자들의 증언, 밝혀진 미국 및 여타 국가들의 역사적 사료를 모두 부인하면서, 진실이 있거나 없거나 상관없이 자신의 주장만 반복하고 있지요. 학술적으로 '포스트-트루스'는 진실이 무의미해질 수 있다, 혹은 진실이 상대적이면서 다수일 수 있다는 인식을 가리킵니다.[46] A의 입장에서 진실이 있고 B의 입장에서 진실이 있어서, 진실이 복수로 존재할 수 있다고 생각하는 것입니다.

자신의 신념과 다른 의견은 배척하고 신뢰도가 낮다고 여기며, 특정한 신념에 맞는 정보만을 선택적으로 취합하는 현상과 밀접한 개념이 바로 포스트-트루스입니다. 과학, 역사와 같이 이미 확립된 사실이 있다고 생각되는 분야는 물론, 팬덤 정보에 이르기까지 이 현상은 광범위하게 일어나고 있습니다.

진실은 존재하지 않는 걸까?

정보와 지식이 단 하나의 결정된 무엇이라는 생각은 오래전부터 비판받아 왔습니다. 사실 모든 지식은 잠정적인 것입니다. 과학 지식이라고 해도 언제나 옳은 단 하나의 지식은 아닙니다. 역사를 되돌아보면 천동설이 진리로 여겨지던 시기에 지구가 돈다는 것은 진실이 아니었으니까요. 과학 지식이라고 해서 언제나 객관적이고 중립적인 것만도 아닙니다. 18세기에 과학으로 받아들여졌던 우생

학은 '인종에 따라 두뇌의 용량이 다르다'라는 주장을 과학의 이름으로 가르쳤습니다.

그 나름의 과학적 절차를 거쳤더라도 편향된 데이터 탓에 오류가 생기는 경우도 있습니다. 캐럴라인 페레스는 『보이지 않는 여자들』에서 항정신병약, 항히스타민제, 항생제 등이 생리 주기의 영향을 받는다는 점이 뒤늦게야 발견되었다는 사실을 지적합니다. 약이 개발될 당시에는 여성 피험자가 포함되지 않았기 때문입니다. 남성 세포와 여성 세포가 에스트로겐에 어떻게 달리 반응하는지는 2016년에야 연구되었는데, 여성 세포만이 에스트로겐에 반응하였다고 합니다. 이전 연구에서 남성 세포만을 대상으로 연구했던 탓에 몰랐던 것이지요.[47]

그렇다면 진실은 없다, 진실은 무의미하다는 식의 상대주의적 인식을 가져야 하는 것일까요? "그래 네 말도 근거가 있겠지. 그러니 서로 싸우지 말자." 이러한 말을 가끔 들을 수 있습니다. 일상에서는 상관없을지 몰라도 명백하게 다른 사람을 차별하거나 혐오하기 위해 동원되는 지식이 있을 때 상대주의적 접근은 바람직하지 않습니다. 사회 전체의 민주성이나 인권 보호에 나쁜 영향을 미치는 일을 방관하는 것이며 나아가 부추기는 것이 될 수 있기 때문입니다.

진실이 무의미하다는 인식이 확산될수록 어떠한 지식이 타인의 권리를 침해하는 데 사용되고 있지 않은지를 살피는 것이 중요합니다. 타인의 권리를 침해하는 내용을 상대의 진실이라는 이유로 내버려 두면 공동체가 유지될 수 없습니다. 각자의 의견을 가질 수는 있지만 각자가 진실이라고 우기는 가운데 어떤 지식이 상대방에게 해를 끼치게 되면, 상대방은 더 이상 대화에 참여하기 어렵게 되고 나아가 우리 사회에서 배제될 수 있기 때문입니다.

『반일종족주의』라는 책에 담긴 주장이 논란이 된 적이 있습니다. 이 책은 일제의 식민지 지배로 인한 한국의 피해는 실재하지 않는다는 주장을 펼쳤습니다. 책의 서문에서는 "한국의 거짓말 문화는 국제적으로 널리 잘 알려진 사실"이라고 주장하며 각종 통계를 제시합니다. "2014년에만 위증죄로 기소된 사람"이 "일본의 172배"이며, "허위 사실에 기초한 고소, 곧 무고 건수"는 "일본의 500배"라고 이야기하지요.

그러나 이 책이 제시한 통계에는 여러 오류가 있습니다. 전문가들은 문제를 법으로 해결하려는 성향에 있어서 두 나라의 문화적 차이가 있으며, 일본의 경우 고소·고발의 접수가 까다롭기 때문에 단순히 숫자를 비교하는 것은 정확하지 않다고 이야기합니다. 나라별 범죄 수치를 단순히 비교한다면 절도 건수는 일본이 한국보다 매년 3배 이상 많은데 이 책의 논리대로라면 일본은 절도의 나라가 되는 것이지요. 서울대 팩트 체크 센터에서는 이 책의 서문에 담긴 주장이 대체로 사실이 아니며, 제대로 된 근거가 없다는 점을 지적했습니다.[48] 하지만 이렇게 구성된 '반일종족주의' 주장이 최근 유튜브를 통해 청소년들에게도 많이 전달된다고 합니다. 친일 문제를 거론하지 않는 역사 교과서 등이 지식으로 유통되는 상황에서, 하나의 진실이란 없고 각자의 진실이 있으니 내버려 두자는 식의 태도는 바람직하지 않습니다. '반일종족주의'와 같은 주장은 우리 사회의 역사적 정통성이나 민주주의의 구성에 악영향을 미칠 수 있기 때문입니다. 온라인에서 정보나 지식을 구할 때는 이를 염두에 둘 필요가 있습니다.

2. 누가 가짜 뉴스를 만들까?

2018년 4월, 유튜브에 버락 오바마 전 미국 대통령이 비속어를 사용하면서 도널드 트럼프 당시 미국 대통령을 욕하는 영상이 올라와 논란이 되었습니다. 이 영상은 '딥 페이크^{deep fakes}'라는 영상 합성 기술로 만들어진 가짜 영상이었지요. 다른 사람의 말에 오바마의 얼굴을 합성한 것이었습니다.[49]

딥 페이크는 인공 지능 기술을 이용해 특정 인물의 얼굴이나 신체 등을 영상에 합성한 편집물을 말합니다. 온라인에 공개된 무료 소스 코드를 활용해 손쉽게 제작이 가능한데, 진짜인지 아닌지 가리기 어려울 만큼 정교하게 영상과 영상이 합쳐집니다. 버락 오바마의 영상을 계기로 딥 페이크 기술로 만들어 낸 가짜 뉴스가 미국 내 큰 사회 문제로 대두되었습니다. 진실이 무엇인지를 더 이상 확인하기 어려운 시대가 왔다는 걱정이 확산되었지요.

가짜 뉴스와 허위 정보

이런 점에서 쟁점이 된 것이 바로 가짜 뉴스입니다. 우리나라 국회에서도 가짜 뉴스를 규제하는 법안을 만들겠다고 나서거나, 방송통신위원회와 같은 정부 기관이 가짜 뉴스 문제를 다루는 등 정치·사회적으로 관심이 큰 사안이지요. 그렇다면 가짜 뉴스란 무엇일까요?

가짜 뉴스는 영어 페이크 뉴스fake news의 번역어입니다. 영미권에서 페이크 뉴스는 처음에는 뉴스처럼 정교하게 만들어 낸 가짜 기사를 일컫는 말로 쓰였습니다. 신문이나 방송 뉴스처럼 보이도록 편집되어 있고, 그럴싸하게 구성되어 있어 정말 언론에 보도된 뉴스로 믿도록 하는 것이었지요. 언론은 취재 결과를 전달하면서 사회적 사실을 알려 준다는 시민들의 믿음을 이용한 것이었습니다. 신문이나 방송의 형태를 갖추었기에 그 내용이 사실이라고 믿게 만들 수 있었어요.[50]

그런데 이는 좁은 의미의 가짜 뉴스입니다. 최근에 논란이 되는 가짜 뉴스는 좀 더 넓은 의미로, 단순히 뉴스를 흉내 내는 정보가 아닌 허위 정보를 의미합니다. 온라인에서 클릭을 유도할 목적으로 만들어진, 왜곡되고 맥락에서 벗어난 정보 혹은 광고, 특정한 편견을 은밀하게 유통하는 정보 등을 말하지요. 2017년 선거 당시 우리나라 선거관리위원회가 "가짜 뉴스에 의한 여론 왜곡에 대해 적극 대처하고자 한다."라고 밝힌 바 있는데, 이때 선거관리위원회가 언급한 가짜 뉴스란 허위 사실을 의미했습니다.

이렇다 보니 가짜 뉴스의 정의를 둘러싸고 논쟁이 많이 일어납니다. 심지어 자신의 신념에 맞지 않는 정보가 가짜 뉴스라고 말하는 사람도 있지요. 트럼프 전 미국 대통령은 미국 방송국 CNN이 자신에 반하는 뉴스를 많이 낸다는 이유로 가짜 뉴스라고 말하기도 했습니다. 이렇게 혼란스러운 상황이니 '가짜'라는 말 때문에 생기는 오해를 줄이는 것도 필요합니다. 학자들은 가짜 뉴스라는 말보다는 '허위 정보'가 더 정확한 표현이라고 봅니다. 이때 언론사가 내는 오보와 같이 의도하지 않게 실수로 만들어진 '잘못된 정보'misinformation와, 분명한 목적을 가지고 의도적으로 조작해 만든 '허위 정보'disinformation를 구분해서 이해해야 한다고 합니다. 허위 정보의 경우 날조의 목적을 갖고 있기 때문입니다.

정치적 목적의 허위 정보

허위 정보들은 실제로 파급력이 있습니다. 미국에서는 2016년 대통령 선거 당시 다른 당을 비난하려고 만든 가짜 뉴스가 실제로 선거에 영향을 미쳤다는 평가가 많습니다. 트위터 등의 글로벌 플랫폼들은 온라인상에서 유통되는 가짜 뉴스들, 허위 정보들을 규제하려고 애쓰고 있습니다.

2016년 대선 당시 캐머런 해리스라는 사람이 자신이 만든 웹 사이트 크리스천타임스를 통해 가짜 뉴스를 퍼트려 논란이 되었습니다. 이 사건은 『뉴욕타임스』에도 자세히 보도되었는데, 해리스는 도널드 트럼프의 지지자로, 트럼프와 경쟁 관계에 있는 힐러리 클린턴에게 기표된 부정 투표 용지 수십만 장이 오하이오에서 발견되었다는 가짜 뉴스를 만들었습니다. 영국의 투표함 사진으로 서투르게 조작한 뉴스였지만 600만여 명의 사람이 이 뉴스를 보았고, 해리스는 5000달러를 벌어들였습니다. 내용이 뉴스 기사의 형식을 띠고 있었고, 믿을 만한 사람들이 페이스북을 통해 공유했기 때문에 사람들은 이 허위 정보를 쉽게 믿었습니다.[51]

이처럼 가짜 뉴스는 정치적, 경제적 목적과 결합되었을 때 큰 부작용을 가져옵니다. 우리나라의 경우 2016년 말 박근혜 전 대통령의 탄핵을 촉구하는 촛불 집회가 시작될 무렵 가짜 뉴스를 제작해 배포했던 이들이 있었습니다. 이들은 신문 형태의 인쇄물을 제작했는데 그 내용은 "탄핵이 북한 김정은과 관련이 있다." "촛불 집회에 중국 유학생이 동원되었다." 등 근거 없는 정보들이 주를 이루었습니다.

가짜 뉴스는 과학 부인주의와 결합했을 때에도 문제가 됩니다. 과학 부인주의는 과학적 논란이 거의 없는 사안을 논란이 많은 이슈로 포장해 사람들이 사실보다 자신의 신념이나 이익에 가까운 이론을 선택하게 만듭니다. 많은 미국인이 기후 위기는 진실이 아니고, 지구 온난화는 우려할 수준이 아니라고 생각한다고 합니다.

캐머런 해리스가 만든 웹 사이트와 가짜 뉴스.

미국 시민의 27%만이 지구 온난화가 과학적 사실임을 인지하고 있다고 합니다.[52] 이는 기후 위기와 지구 온난화라는 과학적 사실에 의혹을 제기하는 일부 연구의 영향 때문입니다. 해당 연구는 주로 환경 파괴로 돈을 버는 대기업, 다국적 기업 등의 자금을 지원받아 진행되었습니다. 지구 온난화를 다룬 과학 연구 논문의 97%가 지구 온난화와 인간의 이산화탄소 배출 활동이 관련되어 있다고 말하지만 이 정보는 널리 알려지지 않았지요.

2020년 전 세계는 코로나19 바이러스로 인해 여러 어려움을 경험했습니다. 마스크가 전염병 예방과 차단에 효과적이라는 점도 직접 경험으로 알게 되었지요. 그런데 2020년 7월, 유튜브에 '미국의 최전방 의사들'이라는 단체가 마스크는 효과가 없으며, 말라리아 치료제가 코로나19의 치료제로 효과가 있다는 내용의 영상을 올렸습니다. 이를 트럼프 대통령과 가수 마돈나 등 유명인이 공유하면서 널리 퍼졌습니다. 대통령이 허위 정보 확산에 일조하며 사회적 혼란을 일으켰고, 코로나19의 방역에도 피해를 끼친 것입니다. 코로나19 관련 가짜 뉴스 정책을 강화한 트위터와 페이스북이 이 영상을 가짜 뉴스로 판단하고 삭제하면서 사태는 마무리되었습니다.[53]

SNS 기반의 선정적인 언론들

최근에는 온라인을 통해 뉴스를 접하는 일이 많습니다. 포털 사이트에서 제공하는 뉴스 서비스의 경우 등록된 언론사만 뉴스를 올리기 때문에 상대적으로 가짜 뉴스에 대한 우려가 덜합니다. 그러나 SNS상에서는 언론사가 아닌데도 뉴스 형식을 빌려 정보를 퍼트리는 경우가 있습니다. 이용자들이 해당 뉴스의 게시자가 신뢰할 만한 언론사인지 아닌지 확인하지 않고 공유하는 일도 일어나지요. 페이스북에서는 뉴스라고 생각되는 게시물은 더 빠른 속도로 퍼져 나갑니다. '논란' '충격' 등의 제목을 달아 전달하면 그 전파 속도는 정말 빨라집니다.

페이스북을 기반으로 한 일부 뉴스 사이트들은 겉보기에는 평범한 언론사처럼 보이지만, 꼼꼼한 취재를 해서 보도하기보다는 SNS 게시물을 그냥 옮겨 싣는 경우가 많습니다. 2010년대 들어서 생긴 이 뉴스 사이트들은 당사자의 동의를 얻지 않은 SNS 게시물을 이용해 기사를 작성하고, 선정적 기사를 남발하는 등의 문제로 꾸준히 비판받았습니다. 코로나19와 관련해서도 확진자 동선을 공개하면서 개인 정보를 유출하거나, 확인되지도 않은 연예인 관련 루머를 기사화하는 등 문제적인 모습을 보였습니다. 텔레그램 성 착취 보도에서도 선정적 묘사를 일삼고, 범죄자들의 학교생활과 졸업 앨범 등 사건과 무관한 정보들을 가십거리로 소비하게 만들었습니다.

이들 사이트에서 만든 뉴스는 페이스북과 같은 SNS를 통해 공개되는데 제목을 자극적으로 써서 클릭을 유도합니다. 포털 서비스보다 SNS를 통해 뉴스를 보는 청소년들에게는 매우 익숙하겠지만 신뢰할 수 있는 언론사라고 보기는 어렵습니다. 이러한 사이트들이 소개하는 내용을 뉴스라고 생각하고 해당 사실을 그대로 믿는 것은 수용자의 잘못만은 아닙니다. 사실 확인 없이 논란의 확산을 위해서 부정확한 정보나 불필요한 내용을 부각하는 이들 뉴스 사이트들이 문제지요.

오보를 남발하는 언론의 문제

오보는 SNS 기반 언론들만의 문제는 아닙니다. 신문과 방송 등도 종종 오보를 냅니다. 오보는 취재 보도 과정에서 우연히 발생할 수도 있습니다. 속보를 요구하는 최근 저널리즘 상황에서는 미처 확인되지 않은 사실이 섣불리 보도되는 경우도 있지요. 한국언론진흥재단에서 2019년에 가짜 뉴스에 관한 온라인 설문 조사를 진행했습니다. 국민들은 언론의 오보 역시 가짜 뉴스의 하나로 인식하고 있었고, 그냥 가짜 정보보다 언론의 오보가 더 유해한 콘텐츠라고 판단했습니다. 가짜인지 의심해 볼 수 있는 다른 정보에 비해 기본적으로 신뢰하고 받아들이는 언론사의 오보가 미치는 악영향이 더 크다고 보는 것입니다.

예를 들어 2020년 5월 정의기억연대 관련 보도들 중 11건의 기사에 대해 언론중재위원회가 삭제, 정정 및 반론 보도 등을 조처한 일이 있습니다. 『중앙일보』의 5월 19일자 「[단독] '아미'가 기부한 패딩…이용수·곽예남 할머니 못 받았다」 『서울경제』의 5월 21일자 「[단독] 정의연이 반환했다는 국고보조금, 장부보다 적은 3000만 원 어디로?」 등이 사실 관계가 잘못된 것으로 드러났습니다. 뒤늦게 정정 보도가 이루어졌지만 이 기사로 인해 떨어진 정의기억연대의 신뢰도는 원상회복이 어렵습니다.

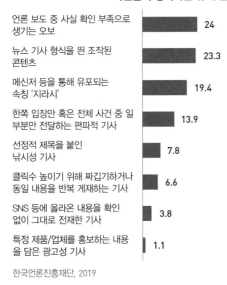

국민들이 생각하는 유해 콘텐츠 유형

언론 보도 중 사실 확인 부족으로 생기는 오보	24
뉴스 기사 형식을 띈 조작된 콘텐츠	23.3
메신저 등을 통해 유포되는 속칭 '지라시'	19.4
한쪽 입장만 혹은 전체 사건 중 일부분만 전달하는 편파적 기사	13.9
선정적 제목을 붙인 낚시성 기사	7.8
클릭수 높이기 위해 짜깁기하거나 동일 내용을 반복 게재하는 기사	6.6
SNS 등에 올라온 내용을 확인 없이 그대로 전재한 기사	3.8
특정 제품/업체를 홍보하는 내용을 담은 광고성 기사	1.1

한국언론진흥재단, 2019

가짜 뉴스 판별하기

SNS를 통해 뉴스를 많이 소비하면서 뉴스를 누가 게시했는지, 어떤 언론사의 뉴스인지 확인하지 않는 경우가 늘고 있습니다. 이러한 경향은 가짜 뉴스가 쉽게 퍼지는 데 영향을 줍니다.

2019년 프랑스 파리의 노트르담 대성당이 화재에 휩싸였을 때, 온라인상에는 이 화재가 이슬람교인들이 벌인 일이라는 가짜 뉴스가 퍼졌습니다. 서로 다른 시점에 나온 뉴스를, 화재 현장 근처를 지나가는 이슬람교인의 사진과 합쳐서 가짜 메시지를 만든 경우였습니다. 이 가짜 뉴스는 주로 트위터로 전파되었습니다. 이용자들은 자신이 신뢰하는 다른 이용자들이 특정한 메시지를 자꾸 리트윗하니까 출처를 확인하지 않고 그 내용을 리트윗했습니다. 그러면서 그 내용이 사실처럼 여겨지게 되었지요. '좋아요'를 누르는 것만으로도 다른 사람에게 추천이 되는 시스템하에서는, 적극적인 전파 의도가 없는 간단한 행위들로 가짜 뉴스가 유통되기도 합니다.

유튜브의 경우는 앞에서 이야기한 것처럼 '필터 버블' 상태가 되면서 더욱 이 뉴스가 사실인지 아닌지를 확인하기 어려워졌습니다. 게다가 관련 영상 목록에 비슷한 정보가 계속 뜨기 때문에 그 내용을 쉽게 신뢰하게 됩니다.

가짜 뉴스는 어떻게 보면 구분하기 쉽습니다. 언론사 '흉내'를 낸다는 것이 핵심이기 때문입니다. 미국의 팩트 체크 사이트(factcheck.org)에서 제시한 가짜 뉴스 구분 방법은 다음과 같습니다.

가짜 뉴스 구분 방법

1. 뉴스의 출처를 파악하라.

2. 글을 끝까지 읽어라.

3. 작성자를 확인하라.

4. 근거 자료를 확인하라.

5. 작성 날짜를 확인하라.

6. 자신의 생각이 한쪽으로 치우친 것은 아닌가 생각해 보라.

7. 전문가에게 물어라.

요약하면, 먼저 언론사의 탈을 쓰고 있는지 점검하라는 것입니다. 뉴스 출처, 작성 날짜, 작성자 등을 보면 진짜 언론사인지 아닌지를 알 수 있지요. 뉴스의 URL을 확인하는 것도 방법입니다.

반면 허위 정보 판별은 조금 더 복잡합니다. 한국언론진흥재단은 「20대를 위한 리터러시 실천 매뉴얼」에 다음과 같은 허위 정보 판별 가이드를 소개했습니다.

스무고개로 넘는 허위 정보 판별 가이드

1. 원래의 정보는 누가 만들었나요?

2. 메시지를 만든 사람은 신뢰할 수 있는 기관 혹은 사람인가요?

3. 웹 사이트 주소나 URL은 정확한가요?

4. 콘텐츠나 게시물에 대한 출처는 누구나 알 수 있는 것인가요?

5. 하이퍼링크로 연결된 출처는 정확한가요?

6. 나에게 SNS 정보를 보내 주거나 나를 위해 포스트한 사람은 내가 아는 사람인가요?

7. 지금 보고 있는 게시물을 다른 일반 언론사 웹 사이트에서도 볼 수 있나요?

8. 콘텐츠나 게시물에서 철자나 맞춤법이 제대로 표기되어 있나요?

9. 콘텐츠나 게시물이 약물이나 대문자를 지나치게 많이 사용하고 있지 않은가요?

10. 해당 정보가 게시된 날짜가 최근의 것인가요 아니면 오래된 것인

가요?

11. 사진이나 이미지는 출처를 명확하게 표기하고 있나요?

12. 사진이나 이미지는 원본인가요 아니면 변형한 것인가요?

13. 격한 분노나 희열을 느끼게 하는 자극적 내용인가요?

14. 정보나 게시물의 내용이 사실인가요 아니면 의견인가요?

15. 주장이나 관점은 객관적 근거를 가지고 있나요 그렇지 않은가요?

16. 주장이나 관점이 어느 한쪽에 치우쳐있나요 그렇지 않은가요?

17. 해당 정보나 게시물의 내용이 전체인가요 아니면 일부만 있나요?

18. 해당 게시물이 특정 정당이나 정치인에 대한 입장을 강요하는 것은 아닌가요?

19. 해당 정보나 게시물에 상업적 목적이 있지 않나요?

20. 내 스스로 정보나 게시물에 편견을 갖고 있지 않나요?

어떤 정보에 대한 허위 여부를 빠르게 판단하기는 어렵습니다. 그렇다 보니 가이드라인이 무척이나 길어졌지요. 이렇게 일일이 확인하려면 허위 정보를 보자마자 바로 반응하기는 어렵습니다. 결국, 어떤 정보든 시간을 두고 보는 것이 핵심입니다.

가짜 뉴스를 줄이려면

가짜 뉴스가 위험한 이유는, 정보의 진실 여부에는 관심 없이 다른 사람들에게 자신의 신념을 확산시키기 위해서 정보를 공유하기 때문입니다. 여러 미디어 연구에 따르면 가짜 뉴스에 가장 큰 영향을 미치는 것은 개인의 정치 성향입니다. 신념의 방향과 상관없이, 정치 성향이나 정치 신념이 강력할수록 정보를 공유하고자 하는 동기가 크다고 합니다.

따라서 가짜 뉴스의 핵심은 가짜 뉴스를 접하는 것이 아니라 가짜 뉴스를 퍼트리는 것입니다. 가짜 뉴스를 접하는 것은 개인이 조절할 수 있는 문제는 아닙니다. 가짜 뉴스를 우연히 만날 계기는 정말 많습니다. 꼭 이상한 사이트에 접속해야만 가짜 뉴스를 읽게 되는 것은 아니지요. 페이스북 친구나 실제 오프라인에서 알고 지내는 지인이 엉뚱한 뉴스를 공유하기도 하거든요. 할아버지나 할머니가 카카오톡 메신저로 가짜 뉴스를 전해 주는 경우도 종종 있지요. 가짜 뉴스의 증가와 확산에 기여하는 핵심은 '전파' 행동입니다. 슬프게도, 가짜 뉴스는 진짜 뉴스보다 더 빨리 퍼져 나간다고 합니다.[54] 원래 뉴스가 자극적이고 충격적인 내용일수록 사람들이 많이 공유하는데, 가짜 뉴스가 바로 그러한 속성을 갖고 있기 때문입니다.

'가짜 뉴스를 믿다니 어리석은 것 아냐?' 하고 비웃을 일은 아닙니다. 현명한 사람일수록 가짜 뉴스 소비도 많고 공유도 많이 한다

토끼의 간이 만병통치약이라는 가짜 뉴스가 퍼지고 있어요. 범인을 찾아 주세요.

흠.

가짜 뉴스를 찾아보자!

1. 뉴스의 출처를 파악하라.

흠.

게시판

2. 글을 끝까지 읽어라.

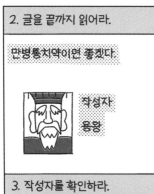

만병통치약이면 좋겠다

작성자

용왕

3. 작성자를 확인하라.

4. 근거 자료를 확인하라.

"특수 관계자" 거북이에 의하면

작성 일자

○○. ○○. ○○.

5. 작성 날짜를 확인하라.

6. 자신의 생각이 한쪽으로 치우친 것은 아닌가 생각해 보자.

알고 보면 맞을 수도?

7. 전문가에게 물어보라.

규칙적인 생활과 운동이 만병통치약이죠.

흠.

명백한 가짜 뉴스입니다.

특수 관계자 거북이?

네가 범인이구나!

범인 검거 완료!

는 연구 결과가 있거든요. 정치나 사회 문제에 관심이 많은 사람일수록 여러 가지 정보를 더 빨리 습득하는 법입니다. 또 자신이 습득한 정보를 지인들에게 전파할 능력이 있기에 가짜 뉴스 전파에 더 기여하게 되지요.

가짜 뉴스를 보자마자 바로 정보의 옳고 그름을 판단하기는 어렵습니다. 그럼에도 해당 정보를 공유하려고 하는 것은, 다른 사람들에게 좋은 모습을 보이고 좋은 관계를 유지하고 싶은 마음 때문입니다. 누구보다 빠르게 이런 소식을 알리는 사람이 되고 싶고, 앞서가는 사람, 여러 가지 정보를 아는 사람으로 보이고 싶은 것입니다.[55] 하지만 가짜 뉴스를 너무 많이 공유하게 되면 오히려 좋은 모습을 보이기 어려워집니다. 그러니 어떤 정보를 공유하기 전에 이것이 정말 나의 평판에 도움이 될지를 고민해 봐야 합니다.

그것이 가짜 뉴스의 유통을 막는 가장 큰 지름길입니다. 한국언론진흥재단이 발간한 「노년층을 위한 미디어 리터러시 매뉴얼」에서는 해외 뉴스 매체인 악시오스를 인용해서 다음과 같은 제안을 합니다. 악시오스에 따르면, SNS에서 글을 공유하는 사람들의 59%는 읽지도 않고 공유한다고 합니다. 따라서 정보를 공유하고 싶다면, 먼저 해당 정보를 읽어 보아야 합니다. 그리고 공유하기 전에 이 정보가 다른 사람에게도 필요한지 혹은 그 사람이 좋아할지를 생각해야 합니다. 내 의견, 내 주장을 전달하기 위해 남에게 일방적으로 전파하는 것은 문제가 있어요. 오픈 채팅방이나 가족 채팅방 등에 정보를 무조건 전달해서는 안 됩니다. 중요한 것은 나만 흥미를 가지는 정보인지 아닌지를 고민하는 자세입니다.[56] 정보의 '사회적 의미'를 생각하는 것이 출발점입니다.

물론 개인에게만 책임을 돌려서는 가짜 뉴스의 전파를 막을 수 없습니다. 가짜 뉴스의 전파를 돕는 필터 버블 알고리즘에 대해 미디어 업계는 책임을 져야 합니다. 2020년 미국 대선에서 트위터 등이 허위 정보 차단을 위해 적극적으로 노력했던 것처럼 이견에 노출되는 것을 막는 알고리즘 운영에 대해서 업체가 개입할 필요가 있습니다. 필터 버블로 상업적 이익을 얻고 있는 만큼 소셜 미디어 업체들이 사회적 책임감을 가져야 합니다.

6부

디지털 공간에서 시민으로 산다는 것

1. 평등하게 참여할 수 있을까?

　디지털 미디어 시대, 온라인 네트워크로 연결된 세상에서 사회에 참여한다는 것은 어떤 의미일까요? 프랑스의 미디어 철학자이자 사회학자인 피에르 레비는 1994년에 펴낸 『집단지성』이라는 책에서 "인류가 낳은 가장 강력한 소통 체계"인 인터넷에서 개인들은 지성의 합을 이루게 될 것이라고 예견했습니다.[57] 레비는 '어디에나 분포하고, 가치가 지속적으로 부여되고 조정되며, 실제적으로 동원되는 지성'이 집단 지성이라고 설명합니다. 어디에나 분포한다는 말은, 모든 것을 다 아는 사람은 없지만 누군가는 무엇을 알고 있다는 의미입니다. 그래서 서로서로 연결되어 있으면서 상호 작용을 통해 각자가 가진 지식의 가치를 높이게 되지요. 레비는 누구나 지식의 주체가 될 수 있다는 점 또한 강조했습니다.

　한편 영국 언론인 찰스 리드비터는 집단 지성을 인터넷으로 연결된 디지털 네트워크에서 찾을 수 있다고 말합니다. 집단 지성은 웹 덕분에 가능해진 집단적 사고방식, 놀이 방식, 작업 방식이자 혁신 방식이라는 것입니다. 서로 다른 기술과 지식을 가진 사람들이 웹에 모여서 상호 작용을 통해 집단 지성을 구성한다고 보았지요.[58]

온라인상의 대표적인 집단 지성으로 꼽히는 것은 위키피디아와 같은 자발적이고 집합적인 지식 체계입니다. 위키피디아는 전 세계 누구나 편집에 참여할 수 있는 웹 기반의 백과사전입니다. 기존의 백과사전처럼 권위를 가진 사람이 집필하여 일방적으로 배포하는 방식이 아닙니다. 누구나 접속해서, 자기가 아는 만큼 기여할 수 있습니다. 단 한 줄 혹은 단 한 마디를 추가할 수도 있고, 아주 긴 내용을 스스로 연구하고 찾아서 정리하는 것도 가능합니다.

이렇게 누구나 참여할 수 있다면 믿을 수 없다고 생각할 수 있습니다. 전문성이 없는 사람이 거짓 정보를 올릴 가능성도 있으니까요. 이러한 신뢰 문제를 해결하기 위해 위키피디아는 여러 사람이 계속해서 검증하고 토론하면서 정보의 질을 높여 가는 것을 이상으로 삼았습니다. 물론 어떤 정보는 한 사람이 작성하기도 하지만 여럿이 참여했을 경우 위키피디아에서는 편집하고 논쟁한 기록을 공개합니다. 또한 중립적 관점 원칙이라고 해서 한 가지 사항에 대해서 여러 의견이 대립하는 경우 서로 다른 의견을 모두 쓰도록 합니다. 또 개인의 생각이 아니라는 것을 증명하기 위해 참고한 자료 목록을 제시할 것을 원칙으로 삼고 있습니다. 위키피디아는 토론

위키피디아 홈페이지의 모습.

과 편집을 통해 완성됩니다. 문제를 제기하면 그에 대해 답하고 협의하여 항목을 수정합니다. 지식이 함께 구성되고 민주적으로 논의되는 이상적인 방식이지요. 물론 이는 이상적인 원칙일 뿐 실제와 다를 수 있습니다.

집단 지성은 많은 사람이 자신들의 의견을 더하고, 이에 관해 토론하고, 뺄 것을 빼고 수정해 나가면서 현재 시점에서 가장 풍부하고 많은 정보를 제시하는 공개된 장을 만들 수 있다는 생각에 기반을 둡니다.

여러분도 인터넷을 통해 집단 지성에 참여해 본 경험이 있을 거예요. 많은 청소년이 즐겨 하는 게임도 중요한 집단 지성의 사례지요. 리그오브레전드나 오버워치 같은 게임을 예로 들어 생각해 보면, 팀으로 모인 사람들이 서로 각자의 역할을 이해하고 전략을 함께 짜서 각자 위치에서 할 일을 잘 마쳐야 합니다. 혼자 하거나, 혹은 누군가 일방적으로 지시하는 것보다 여러 사례를 함께 검토하고 의견을 모으는 것이 훨씬 더 좋다는 인식, 이것이 집단 지성의 출발점입니다. 최근의 게임은 퍼즐을 함께 풀어 나가거나, 적진을 공략하기 위해서 전략과 기술이 필요한 경우가 많습니다. 팀으로 게임을 해야 하는 경우도 많지요. 단순해 보이는 게임에도 집단 지성이 작동합니다. 포켓몬고와 같은 게임을 할 때도 단체로 하는 퀘스트인 레이드에 어떤 포켓몬을 어떤 순서로 올려야 하는가를 미리 논의하고, 이를 다양한 온라인 공간 즉 게임 커뮤니티나 오픈 채팅방을 통해서 공유합니다.

이 외에도 집단 지성의 흥미로운 사례로 소셜 기부를 들 수 있습니다. 2014년부터 시작되어 한국에서도 많은 유명인이 참여한 기부 캠페인인 아이스 버킷 챌린지가 대표적입니다. 이 챌린지는 루게릭병으로 알려진 근위축성 측삭 경화증 환자를 돕기 위한 캠페인으로, 얼음물을 뒤집어쓰는 동영상을 SNS에 올린 뒤 다음 도전자 세 명을 지목해 릴레이로 기부를 이어 가는 방식입니다. 이 챌린지에 많은 유명인이 참여하면서 루게릭병 환자를 위한 기부가 급속도로 확산되었습니다. 이처럼 흥미로운 요소가 포함된 다양한 챌린지들이 소셜 미디어를 통해 공유되어 사회적 반향을 불러 일으켰습니다.

2019년부터 페이스북에서 유행했던 책 표지 소개 해시태그도 일

아이스 버킷 챌린지는 세계적으로 화제를 모은 사회 운동으로,
총 2620억 원이 넘는 금액이 모였다.

종의 집단 지성의 성격을 띱니다. 책 표지를 소개하면서 결국 다양
한 책을 소개하고 해당 해시태그를 통해 책에 대한 정보를 축적할
수 있기 때문입니다. 유튜버들이 영상을 올리면 그에 대해서 자막
을 만들어 올리는 것도 집단 지성 활동입니다. 컴퓨터가 자동으로
번역한 표현의 문제를 고치기도 하고, 자동 번역이 제공되지 않는
소수 언어는 해당 언어 구사자가 직접 제작하여 올리기도 합니다.
이를 통해 언어의 제한 없이 유튜브 영상을 자기 나라 언어로 즐길
수 있게 됩니다.

모두가 참여하지 못하는 상황

이런 집단 지성에 대한 가장 큰 비판점은 기술적 가능성, 즉 여럿이 모여서 함께 논의한다는 점에만 주목한 나머지, 결과물인 내용에는 그다지 관심을 기울이지 못했다는 것입니다. 이는 전문적인 정보일수록 문제가 될 수 있는데, 2014년 한 연구는 위키피디아의 의학 정보에 오류가 많다는 점을 지적했습니다.[59] 모두에게 참여 기회가 열려 있고 개인들이 자발적으로 참여한다는 것은 디지털 미디어의 중요한 특성이지만, 그렇다고 해서 전달하는 내용이 언제나 신뢰할 만하다는 보장은 없습니다.

근대 영국의 사상가이자 작가인 존 밀턴은 『아레오파지티카』에서 '사상의 자유 시장'이라는 개념을 주장했습니다. 모두가 자유롭고 공개적인 사상의 시장에 참여한다면 좋은 의견은 점점 더 많은 지지를 받고, 나쁜 의견, 부정확하거나 편견에 가득한 의견은 배제될 것이라는 생각입니다. 밀턴의 이러한 주장은 많은 사람의 지지를 받았고 특히 표현의 자유가 확대되는 데 큰 역할을 했습니다. 그런데 이는 정말로 참여가 모두에게 열려 있어야 가능한 것이지요. 만약 참여가 어려운 집단이 있다면 그 집단의 생각은 공유되지도, 지지받지도 못할 것입니다. 예를 들어 미국의 역사에서 흑인이 투표권을 갖게 된 것은 1965년의 일입니다. 그 전에는 흑인에게 투표권이 없었기 때문에 흑인을 대변하는 목소리가 정치에 반영되기 어려웠습니다.

지금의 온라인 공간은 그때만큼은 아니지만 모두가 참여해서 자발적으로, 자유롭게 의견을 공유하는 공간이라고 보기에는 어려운 측면이 있습니다. 우선 컴퓨터를 다루는 데 서툰 사람들이 있어서 "모두가 참여한다."라는 전제가 실현되기 어렵습니다. 이를 정보 격차라고 합니다. 정보 격차는 새로운 정보 기술에 접근할 수 있는 능력을 가진 사람과 그렇지 못한 사람 사이에 경제적·사회적 격차가 심화되는 현상을 말합니다. 애초에 지식수준이 높고 소득이 높은 경우 정보 기술에 더 쉽게 접근할 수 있고, 저소득층의 경우 접근이 어렵지요.

　우리나라 정부는 정보 격차 문제를 해소하기 위해 장애인, 저소득층, 노인, 농어민, 결혼 이민자나 북한 이탈 주민 등에 대해 적극적인 지원 정책을 펼치고 있습니다. 취약한 계층이 인터넷에 접속하고 인터넷을 활용하는 능력을 높이도록 돕는 것이지요. 하지만 접속률이 개선되는데 활용률에서는 또 뒤처지기도 합니다. 이럴 경우 취약 계층이 온라인에서 목소리를 낼 가능성이 아무래도 적어집니다.

　물리적 접속이 어렵지 않아도 참여에 제한이 생길 수 있습니다. 여성은 취약 계층이 아니어도, 남성에 비해 온라인 공간에서 공개적으로 목소리를 내는 일이 적습니다. 최근 들어 나아지고 있다고 하지만, 여전히 공개된 온라인 공간에서 댓글을 다는 비중 등은 여성이 남성보다 낮게 나타납니다. 우리나라에서는 여성이 주로 가는 온라인 공간과 남성이 주로 가는 온라인 공간이 다른데, 대체로 여성이 주로 가는 온라인 공간은 회원제 비공개 공간인 경우가 많습니다. 지난 20여 년 동안 여성혐오적 온라인 문화가 형성되어 오다 보니 이를 피하고 편안하게 커뮤니티를 즐기기 위해 여성만 가입 가능한 커뮤니티를 만들어 온 것입니다. 이처럼 여성들만 따로 모이다 보니 여론을 형성하는 뉴스 댓글란에는 남성이 훨씬 많아졌습니다.

위키피디아에도 남성이 더 많이 참여합니다. 편집자의 성별과 편집 수정 내역을 비교하여 연구한 결과 남성과 여성의 참여 차이는 8:2 정도(2011년 기준)이고, 상위 활동자 중에서 편집이 활발한 사람은 남성이라는 점이 드러나기도 했습니다.[60] 이런 경우 다양한 지식이나 소수자의 지식은 주변화될 가능성이 높지요. 주류의 의견이 주로 반영되다 보니 종종 소수자에게 공정하지 못한 평가가 실릴 수도 있습니다.

언어 문제도 있습니다. 위키피디아에서는 영어가 우선권을 갖기 때문에, 다른 언어의 위키피디아에 동일 항목이 실렸을 경우 문제가 생깁니다. 예를 들어, 한국의 역사에 대한 세밀한 정보는 영어 위키피디아에는 많이 실리지 않겠지만, 인터넷 세계에서는 한국어 정보에 대한 접근성이 높지 않으니 영어 정보를 더 많은 사람들이 보고 그것만으로 한국을 이해하게 될 가능성이 있지요.

신뢰하기 어려운 정보의 문제

정보의 정확성에 대한 논란도 있습니다. 대표적으로 우리나라의 나무위키는 이런 논란이 특히 심합니다. 나무위키는 한국어 기반의 위키로, 국내 포털 사이트에서 정보를 찾을 때 검색 결과의 상위 항목으로 노출되는 경우가 많아 쉽게 접속할 수 있습니다. 2020년 기준 대한민국 웹 사이트 순위에서 21위를 차지할 정도로 많은 사람이 접속하는 곳입니다. 그런데 나무위키는 위키피디아와 달리 중립적 원칙 즉 상반되는 의견을 모두 정리하는 원칙을 채택하지 않습니다. 따라서 공정성이나 정확성에 대한 논란이 많습니다. '꺼라 나무위키'를 줄인 '꺼무위키'가 인터넷 밈으로 유행할 정도로, 나무위키 정보에 대한 신뢰도는 낮은 편입니다. 하지만 나무위키는 스스로 정확한 지식과 정보를 축적하는 위키 서비스를 지향하지 않습니다. 따라서 객관적 사실뿐 아니라 주관적 표현들도 크게 제한하지는 않는 편입니다. 말장난 등의 농담을 취소선과 섞어 쓰기도 하지요.

인종 차별이나 성차별적 내용들이 여과 없이 제시되는 경우도 많습니다. 코로나19 바이러스, 메르스 바이러스 관련 정보에 특정 국가나 인종에 대한 차별적 표현을 담아 비판을 받기도 했습니다. 페미니즘에 대한 편견이 다수 발견되는 것도 문제라고 지적되고 있습니다. 나무위키의 정보를 읽고 활용할 때에는 이러한 비판을 잘 생각해야 합니다. 특히 나무위키는 유머의 형태로 주관적 평가를 담기도 해서, 보고서 등을 작성할 때 정보의 출처로 활용하기에는 부적절합니다. 나무위키를 집단 지성을 기반으로 한 창의적 정보 영역으로만 보기에는 무리가 있고, 일종의 인터넷 유머 영역으로 이해하는 것이 필요합니다.

2. 해시태그로 세상을 바꾸기

해시태그는 어떤 단어나 구절 앞에 # 기호를 붙여 표시하는 방법입니다. 인스타그램 등의 SNS에서 쉽게 볼 수 있지요. 어떤 단어건 해시태그를 붙이면 자동으로 검색 링크가 생기기 때문에 해시태그를 통해 특정 주제에 대한 의견을 실시간으로 공유하거나, 정보를 나눌 수 있습니다.

해시태그는 방대한 게시물을 비슷한 주제끼리 분류하는 것을 목적으로 처음 만들어졌습니다. 그러다 2010년 중동과 북아프리카 지역에 일어난 정치적 저항 운동인 '아랍의 봄'을 기점으로 해시태그와 사회 운동이 결합하게 되었습니다. #Egypt(이집트) #protest(항의) 등의 해시태그가 실시간으로 상황을 알리는 역할을 하며 저항 운동을 확산시킨 것이지요. 그래서 아랍의 봄은 트위터 혁명이라고도 불렸습니다.

소수자의 목소리를 반영하다

2018년 한 해 한국 사회에 큰 반향을 불러일으켰고, 전 세계적으로도 의미 있는 결과를 보여 준 해시태그 운동은 #Metoo(미투)입니다. '나도 말한다' '나도 증언한다'라고 번역될 수 있는 미투 운동을 처음 시작한 사람은 미국의 사회 운동가 타라나 버크입니다. 아프리카계 미국인인 타라나 버크는 성폭력을 당한 여성들에게 어떤 말을 들려줘야 좋을지를 고민하다 '나도 그렇다'라는 의미의 'me, too'를 떠올렸습니다. "나도 너처럼 나쁜 일을 겪어 봤다." "네가 느끼는 수치심과 절망에 공감한다." 등의 의미를 담은 말이지요. 버크는 2007년부터 성폭력 피해 여성들과 연대하고자 미투 캠페인을 진행해 왔습니다.

미투가 해시태그 운동으로 등장한 것은 2017년의 일입니다. 이 무렵 미국의 영화 제작자인 하비 와인스틴이 오랜 기간에 걸쳐 다수의 피해자를 성폭행하고 성추행한 일이 공론화되었습니다. 그리고 배우 앨리사 밀라노가 SNS를 통해 "당신이 성희롱이나 성폭행을 당한 적이 있다면 미투를 써 달라."라는 메시지를 남겼습니다. 여기에 많은 사람이 참여하며 미투 운동은 해시태그 운동으로 널리 퍼졌습니다. 한편 우리나라에서도 2016년, '#○○계성폭력'이라는 해시태그로, 문학계를 비롯한 다양한 문화 예술 분야에서 일어나는 성폭력 문제를 폭로하고 문제를 제기하는 움직임이 있었습니다. 소셜 미디어를 통해 시작된 해시태그 운동은 주류 미디어에 보도되면서 영향력이 더 강력해졌습니다. 특히 JTBC 등 방송국에서 성폭력 사건을 인터뷰하고 보도해서 큰 반향을 불러 일으켰습니다.

미투 운동은 주류 미디어가 주목하지 않았던 사안들에 소셜 미디어가 적극적으로 나서서 이를 주요 의제로 만든 사례입니다. 미투 운동을 계기로 성폭력 범죄에 대한 인식이 바뀌고 피해자에 대한 편견도 변화했습니다. 피해자 스스로 이야기하는 해시태그 운동으로서 미투가 갖는 힘이 있었습니다. 이처럼 소수자의 목소리를 반영할 수 있다는 것이 해시태그 운동의 특징입니다.

온라인에서 오프라인으로

해시태그 운동은 기존의 집합 행동과는 좀 다릅니다. 대표적인 차이는, 오프라인 활동을 중심으로 하는 집합 행동은 일정 정도 특정한 이념과 사상에 동조하는, 정체성이 비슷한 집단을 기초로 한다는 점입니다. 기존의 사회 운동은 특정한 집단에 가입하고, 그 집단의 주장에 동의하고, 집단 내 구성원과 다층적인 관계를 맺어 가는 속에서 이루어졌습니다. 하지만 해시태그 운동 같은 최근의 사회 운동에서는 어떤 집단에 속해 있느냐가 아니라, 해당 주장에 동의하느냐가 중요해졌습니다.

촛불 시위나, 2019년의 혜화역 시위(불법 촬영 편파 수사 규탄 시위)가 대표적입니다. 참여자들 서로가 서로를 알지 못하는 상태에서, 해당 주장에 동의하는 사람들이 시간과 장소를 정하고 모여서 대규모 시위를 벌였지요. 이 사람들은 서로 알게 되었다고 해도 나중에 다른 일을 또 같이 할 수도 있고, 다시는 만나지 않는 사이가 될 수도 있습니다. 중요한 것은 단체에의 소속감보다는 의제에의 공감입니다.

탈코르셋 운동 역시 성공한 해시태그 운동이자 오프라인 실천 운동이 되었습니다. 여성의 외모에 관한 억압적 구조를 비판하는 목적으로 시작된 해시태그 운동이 다양한 방식으로 연결되었지요. 특히 인스타그램이나 유튜브 등에서 어떤 것이 적절한 복장일지, 어떤 것이 문제인지를 시각적으로 계속해서 보여 주고, 자신이 어떤 복장과 머리 모양을 하는지도 보여 주면서 해시태그로 연결해 나가고, 힘을 주는 댓글을 쓰는 등의 활동을 하면서 여성의 외모 억압에 대한 사회적 인식에 큰 영향을 미쳤습니다.

해시태그를 통한 사이버불링

하지만 해시태그 운동이 언제나 이런 대규모 오프라인 행동과 연결되는 것은 아닙니다. 해시태그 운동이 그저 온라인에서 메시지 하나만 쓰는 것으로 사회적 책임을 다했다고 생각하게 한다는 식의 우려도 있습니다. 예를 들어 환경 보호를 위한 기후 행동은 플

라스틱 제품을 덜 쓴다거나, 일회용품을 사용하지 않는 등 현실 세계에서의 실천이 필요한데 이는 하지 않고 그저 해시태그만 열심히 올린다면 세상은 변하지 않습니다.

한편으로는 온라인 문화의 특성상, 해시태그에 참여하지 않는 사람을 비난하는 경우 사이버불링이 되기도 합니다. 탈코르셋 운동은 그 좋은 의도에도 불구하고 종종 논란에 휩싸였는데, 탈코르셋 운동에 참여하지 않는 사람의 SNS에 가서 비난 댓글을 달거나, 미용 상품을 활용해서 방송하는 크리에이터를 비난하는 등의 문제가 발생했기 때문입니다. 개인을 비난하는 형식으로 사회 운동을 할 수는 없습니다. 더구나 온라인 환경에서 한 사람에게 다수의 사람이 메시지를 남기는 것은 공포와 억압감이 상당한 사이버불링입니다.

소셜 미디어가 세력 경쟁의 장이 될 때에도 문제가 됩니다. 정치적 사안의 경우 찬성 측과 반대 측이 서로 세력을 보이기 위해 앞다투어 해시태그나 실시간 검색어 경쟁을 벌이는 식이지요. 팬덤이 경쟁하는 경우도 있습니다. 한 아이돌 그룹의 멤버가 결혼 소식을 발표하자, 팬덤이 둘로 나뉘어 결혼을 응원한다는 해시태그와 탈퇴하라는 해시태그를 동시에 생성해서 서로 경쟁하는 일도 있었습니다. 그러나 해시태그 내에서 누가 누구보다 수가 많다고 해서 사회적 의미를 가진다고 보기는 어렵습니다. 어떤 판단이 단순히 다수결로 결정되는 것은 아니기 때문입니다.

해시태그가 어떤 이슈를 사회적으로 드러내고, 한 목소리를 내는 세력을 만드는 데 긍정적인 영향을 미치는 것은 분명합니다.

2020년 텔레그램 성 착취 문제가 추적단 불꽃을 비롯한 청년 페미니스트들을 통해 널리 알려지게 되었습니다. 청년들은 이 문제를 국제적으로 알리는 해시태그 운동을 했고, '#N번방은판결을먹고자랐다'와 같은 해시태그를 통해 디지털 성범죄에 대한 형량이 너무 낮다는 문제를 우리 사회에 인식시켰습니다.

정치적이고 무거운 주제에만 해시태그가 유용한 것은 아닙니다. '#해리포터인물테스트'와 같이, 공식적 권위를 갖지는 않지만 남들은 어떤 인물이 나왔나를 둘러보는 재미를 느끼게 하는 것도 있습니다. 세력 경쟁이나 타인에게 모욕을 주려는 식으로 사용하지만 않는다면 사회적, 정치적, 문화적 실천에 있어 해시태그가 유용한 도구가 될 수 있습니다.

사회 참여와 인터넷 문화

공개적으로 지식을 구성하는 데, 그리고 사회를 변화시키는 데 있어 인터넷은 개방성과 접근성이 높은 수단입니다. 어느 때보다도 편리하고 많은 사람이 이용하고 있지요. 이러한 환경에서는 상대적으로 사회 운동을 하는 것이 어렵게 느껴지지 않지요. 또 그래서 가볍고 의미가 적은 참여라는 비판도 나옵니다. 그렇지만 많은 사람이 소셜 네트워크를 통해 연결되고, 늘 온라인에 접속한 상태로 살아가는 상황에서 해시태그 운동은 중요한 기회입니다. 더 많

은 사람이 같은 의제에 대해 말하고 토론하고 의사 결정에 참여할 수 있기 때문입니다.

위키피디아에 좀 더 좋은 정보를 제공하기 위해 토론에 참여하는 것은 소규모의 지식인들이 구성하고 편찬하는 지식 외에 다양한 세상의 정보들을 모으고 전수하는 일이 될 수 있습니다. 그렇기 때문에 디지털 미디어 시대에는 일반 사람들의 참여가 긍정적인 역할을 합니다.

다만 주의해야 할 점은 있습니다. 지식을 공유하고 토론하는 바로 그 공간에 정말로 누구나 참여할 수 있는지, 특정한 내용에서 편향이나 왜곡, 비하나 차별의 표현은 없는지, 특정한 운동에 참여하는 방식을 축소하거나 한정하면서 타인의 권리를 침해하거나 비난하지 않는지 등을 끊임없이 성찰해야 합니다.

온라인 문화는 그저 온라인에서만 존재하는 것일 뿐이라고 말하는 사람들도 있습니다. 그러나 우리는 과거에 비해 네트워크에 깊숙이 연결되어 있습니다. 일상과 온라인이 연결되어 있는 소셜 미디어에서 우리는 다양한 정체성을 구성하여 살아갑니다. 많은 오락거리, 정보와 지식, 사람들을 온라인을 통해서 만납니다. 더 많은 연결을 통해 사회의 의미가 확장되고 있습니다. 온라인상의 이타적 참여 또한 늘어나고 있다고 합니다. 명백한 대가를 바라지 않으면서도 사회적 대의를 위해 참여하는 사람이 더 많아진 것이지요. 물론 이는 온라인상의 참여가 상대적으로 쉬운 영향도 있습니다. 해시태그를 한 번 리트윗하는 것은 오프라인에서 피켓을 드는 일보다는 쉽습니다. 하지만 앞서 많은 사례를 통해 이야기한 것처럼 이러한 가벼운 참여들은 사회를 바꾸는 목소리가 된다는 점에서 중요합니다.

랜선으로 연결된 디지털 사회에서 우리는 시민으로 존재합니다. 정보를 축적하고 서로 의견을 나누고 사회를 좋게 만들기 위해 협업하는 사람이 시민이라면, 집단 지성의 의미를 살려 정보 공유 활동을 하고 있는 우리, 그리고 해시태그를 통해 사회에 대한 의견을 표명하는 우리는 시민 활동을 하고 있는 셈입니다. 이 사회를 더 좋게 만들려면 무엇이 필요한지를 끊임없이 고민하는 것은 '디지털 공간의 시민'인 우리가 짊어진 중요한 책임입니다.

3. AI 시대의
시민 윤리

2021년 1월, 국내 한 스타트업이 개발한 인공 지능^{AI} 챗봇 '이루다'가 서비스 시작 20여 일 만에 서둘러 서비스 중지를 선언했습니다. 이루다는 20살 여성으로 캐릭터가 설정되어 있습니다. 실제 연인들이 나눈 대화 데이터 약 100억 건을 딥러닝 방식으로 학습한 AI로, '여자 친구처럼' 답을 해 주는 챗봇이었습니다. 먼저 문제가 된 것은 이루다가 내놓는 차별과 혐오 발언이었습니다. 일부 이용자들이 이루다를 성희롱 대상으로 삼는 문제도 있었지요. 그 와중에 개발사가 AI의 학습 데이터를 모으는 데 있어 동의를 받지 않고 개인 정보를 수집한 잘못까지 법적으로 문제가 되자 서비스를 중단하기에 이른 것입니다.

챗봇이 문제가 된 것은 이때가 처음은 아닙니다. 2016년 마이크로소프트사가 개발한 챗봇 '테이' 또한 논란이 일었지요. 역시 사람들의 대화를 딥러닝을 통해 학습한 챗봇 테이는 사용자와 대화하면서 상황에 맞는 똑똑한 답을 내놓을 것으로 기대되었습니다. 하지만 결과는 상상하지 못한 방식으로 나타났고, 테이는 불과 16시간 만에 사용 중지되었습니다. 온라인상에서 나눈 다양한 개인들의 대화를 무차별적으로 학습한 테이가 인종 차별, 성차별, 혐오 발언마저도 그대로 익혀서 반응했기 때문입니다.

이루다 서비스는 동의 없이 개인 정보를 수집했다는 점도 문제이지만 가장 큰 문제는 차별과 혐오가 담긴 편향된 말뭉치를 아무런 제어 없이 학습했다는 점입니다. 알고리즘과 기계 학습에 있어서 기본적인 윤리 기준을 생각하지 않고 기술을 개발해 나간다는 뜻이기 때문입니다.

현재의 법으로는 이루다 같은 AI 서비스가 차별적 표현을 학습하는 것을 규제하기 어렵습니다. 또한 이루다가 해당 표현을 사용한다고 해서, 이루다를 만든 기업에게 법적 책임을 지게 할 수도 없습니다. 우리 사회에는 혐오 표현을 금지하는 법이 없기 때문입니다. 인터넷과 기계 학습을 위한 법이 빠른 시일 내 만들어지기도 어려울 것입니다. 하지만 법으로 처벌되지 않는다고 해서 괜찮은 일은 아닙니다. 법적 규제와는 별개로 우리 사회에서 이 서비스가 더 잘 쓰일 수 있도록 시민 사회가 함께 AI의 윤리를 고민해야 합니다.

AI를 사용한다고 해서 갑자기 다른 세상이 열리는 것은 아닙니다. AI의 윤리에 대한 고민은 결국 현재 우리의 삶에서 무엇이 필요하고 무엇이 개선되어야 하는지에 대한 논의와 함께할 수밖에 없습니다. 이루다는 '특정한 여성'의 역할을 하도록 설정되어 있었고, 기존의 성별 고정 관념을 충실히 답습하는 모습으로 나타났습니다. 여성을 대상화하는 왜곡된 시선이 그대로 반영되어 있었지요. 그런 이루다가 단지 몇 가지 나쁜 말을 하지 않는다고 해서 좋은 챗봇이 되는 것은 아닙니다.

마이크로소프트사는 테이 논란 이후 'AI 윤리 디자인 가이드'를 만들었습니다. 우리에게도 AI를 위한 윤리가 필요합니다. AI의 '기계 학습'이란 기존에 인간이 생산한 데이터를 인간의 범위를 넘어 아주 많이 학습하는 능력을 말합니다. 그런데 우리 인간이 만든 데이터에는 이미 너무 많은 편견이 담겨 있습니다. 예컨대 해외의 한 이미지 AI의 경우, 남성 이미지를 생성할 때는 정장을 입은 모습으로 출력하지만, 여성은 비키니 수영복을 입은 모습으로 출력해 낸다고 합니다.[60] 인터넷에 노출이 심한 여성 이미지가 여기저기 널려 있기 때문입니다.

이처럼 알고리즘이 학습해서 내놓은 결과는 알고리즘에 의한, 즉 인간이 개입하지 않은 공정한 결과로 생각되기 쉽지만 실은 그렇지 않습니다. 알고리즘은 인간 사회의 규범을 반영하고 재생산합니다. 그래서 어떤 데이터를 학습시킬지 그리고 어떻게 학습시킬지에 대해 사전 논의가 필요합니다. 이때 윤리를 이야기하는 것은 어쩌면 아무 효력도 없는 것처럼 보일 수도 있습니다. 하지만 디지털 기술은 필연적으로 윤리적, 사회적, 정치적 효과를 갖게 됩니다. 그렇기 때문에 기술의 개발과 활용에 대한 논의에는 우리가 어떤 미래를 그리는가, 누구와 함께 살아갈 것인가에 대한 고민이 포함될 수밖에 없습니다. 우리가 접하는 정보와 기술이 도대체 어떻게 만들어지고, 어떻게 얻어진 것이고, 어떻게 나타나고 있는지 우리는 계속 질문해야 합니다. 그런 질문은 강력한 법 제도가 필요하다는 결론에 이를 수도 있고, 우리 스스로가 우리를 어떻게 교육하고 서로 도와 나갈지를 합의하는 해결책을 만들 수도 있습니다.

이 책에서는 이러한 질문들을 위해 온라인 환경에 대해 생각해 보았습니다. 우리는 온라인에서 어떤 모습으로 존재하는지, 어떻게 관계를 맺어 나가는지, 미디어와 기술 산업이 우리의 개인 정보를 이용하는 것에 어떻게 대응해야 하는지 등에 대해 이야기했지요.

미디어 환경은 급변하고 있습니다. 정말 변화의 속도가 빠릅니다. 스마트폰 하나로 모든 것을 다 할 수 있는 시기에 청소년기를 보내고 있는 여러분에게 미디어란 그저 스마트폰 하나일지도 모릅니다. 하지만 스마트폰에 담긴 관계는 그 형태도 다양하고 성격 또한 많이 다르지요. 우리가 연결되는 범위, 우리가 할 수 있는 일의 범위는 미디어의 발달과 더불어 무한히 확장되는 것처럼 보입니다. SM엔터테인먼트가 제공하는 '버블'과 같은 서비스는 스타와 일대일로 소통한다는 생각이 들게 합니다. 방탄소년단의 팬으로서 동참한 '#BTSBlackLivesMatter' 해시태그 하나로 미국의 정치적 변동에 참여하게 되기도 합니다. 점차로 확장되는 연결을 통해서 무엇을 해야 하는지, 어떤 것을 신경 쓰면서 연결되어야 하는지를 생각하지 않으면 안 됩니다.

산업이 해야 할 것, 우리가 해야 할 것

2021년 1월, 네이버의 실시간 검색어가 폐지되었습니다. 그간 실시간 검색어는 온갖 온라인 어뷰징(언론사가 검색을 통한 클릭 수를 늘리기 위해 동일한 제목의 기사를 지속적으로 올리거나 자극적인 제목의 기사를 올리는 일)의 요인이자, 타인에 대한 모욕과 명예 훼손의 원인이 되고 있다는 지적을 받았습니다. 포털에서 제공하는 뉴스가 실시간 검색어와 연동되어, 실시간 검색어를 누르면 뉴스로 이동하게 되니 뉴스에서 자극적인 제목과 기사를 양산하게 되었다는 비판도 있었지요. 이러한 비판이 이어지면서 16년 만에 해당 서비스가 폐지된 것입니다. 포털 서비스의 연예 뉴스 댓글은 이보다 앞선 2020년 3월에 없어졌습니다. 연예인에 대한 모욕이 주로 연예 뉴스의 댓글을 통해 유통되고 있다는 비판 때문입니다.

확실히 몇몇 인터넷 서비스들은 타인을 모욕하고 비난하는 것에, 그리고 여론을 만들고 때로는 허위 사실을 유포하는 데 사용되어 왔습니다. 이러한 문제를 개선하라고 요구하는 것이 바로 디지털 시민의 역할입니다. 포털 서비스 업체로서는 접속자 수가 중요하고, 포털을 통해 뉴스를 유통하는 언론사 입장에서도 클릭 수가 중요합니다. 클릭을 유도하는 장치가 바로 실시간 검색어나 뉴스의 댓글 서비스이기에 미디어 산업 측에서는 그것을 통해 얻는 경제적 이익을 포기하고 싶지 않았을 것입니다. 하지만 시민들의 요구와, 더 나은 인터넷 환경을 만들어야 하는 책임이 강조되면서 변화하기에 이르렀지요.

최근 페이스북은 혐오 표현과 가짜 뉴스의 진원지로 많은 비판을 받고 있습니다. 틱톡은 선정성 논란으로 문제가 되고 있지요. 각 업체들은 이러한 문제를 해결하기 위해서 자율 규제 장치를 마련하지만 충분하지 않은 경우가 많습니다. 시민들이 이를 비판하고 개선하는 데 열심히 참여해야 하는 이유입니다.

시민인 우리는 미디어 산업이 윤리 기준을 만들고 문제를 개선하도록 비판하는 일을 해야 합니다. 디지털 시민은 타인을 존중하고 배려하며, 자신의 안전을 보호할 줄 아는 사람이기도 하지만, 다른 한편으로는 디지털 사회에 적극적으로 참여하고, 민주적 정치를 위해서 노력할 줄 아는 사람이기도 합니다.

디지털 공간을 저항과 자유의 공간으로 상상했던 초기 이론가들의 말이 틀렸다고 하는 사람도 많습니다. 아무래도 현재의 디지털 공간에 문제가 너무 많아서겠지요. 그러나 결론을 내리기에는 아직 이릅니다. 디지털 공간이 어떤 모습일지는 우리 손에 달렸습니다. 디지털 공간에서 시민으로 산다는 것은 참여, 저항, 자유가 필요한 일입니다. 기술의 발전은 결코 디지털 사회의 발전을 자동으로 보장하지 않습니다. 더 나은 디지털 사회를 만들기 위해서는 타인에 대한 부당한 대우에 함께 저항하고, 미디어 산업의 불공정한 행위를 바로잡기 위해 적극적으로 노력하며 참여하는 것이 필요하다는 사실을 꼭 기억해 주세요.

주

1부

1 이경희·김기선「스마트기기 사용이 근로자의 일과 삶에 미치는 영향」, 한국노동 연구원 2015.

2부

2 "트위터" 위키피디아(https://ko.wikipedia.org)

3 조성은·한은영·장근영·김선희「초연결 사회에서 디지털 자아의 정체성 연구」, 정보통신정책연구원 2013.

4 김연주·강내원「SNS상의 나의 모습은 삶의 행복을 주는가?: SNS 내 과시적 자기 표현과 우울감」『광고학연구』 30권 8호, 2019, 199~219면.

5 양혜승·김진희·서미혜「페이스북은 우리의 삶을 행복하게 하는가?: 대학생 집단 에서 페이스북 읽기, 타인과의 상향비교, 삶에 대한 만족도의 관계」『한국언론학 보』 58권 6호, 2014, 215~244면.

6 Chou, H. T. G., & Edge, N. "They are happier and having better lives than I am: The impact of using Facebook on perceptions of others' lives," *Cyberpsychology, Behavior, and Social Networking*, 15(2), 2012, 117~121면.

7 금희조 「소셜 미디어 시대, 우리는 행복한가?: 소셜 미디어 이용이 사회 자본과 정서적 웰빙에 미치는 영향」 『한국방송학보』 25권 5호, 2011, 7~48면.

8 Burt, R. S. *Structural holes: the social structure of competition*, Cambridge: Harvard University Press 1992.

9 권미옥·이경탁 「온라인 네트워크 이용이 사회자본과 심리적 웰빙에 미치는 효과」 『대한경영학회지』 28권 5호, 2015, 1485~1503면.

10 박성복·황하성 「온라인 공간에서의 자기노출, 친밀감, 공동 공간감에 관한 연구」 『한국언론학보』 51권 6호, 2007, 469~494면.

11 양진선 "익명채팅에서 나타나는 '비인격적 친밀성'의 구조 분석: 랜덤채팅어플 '돛단배'의 여성이용자를 중심으로" 서울대학교 사회학과 석사학위논문, 2016.

12 호주 e안전국 홈페이지(www.esafety.gov.au)

13 이창호·신나민 「청소년 사이버불링 실태 및 대응방안 연구」 한국청소년정책연구원, 2014.

14 박숙영·이재영 「학교폭력법 개정의 교육적 필요성과 회복적 실천의 가능성」 「피해자와 학교공동체 회복 중심의 학교폭력법 문제점과 개선과제 토론회 자료집」 2017.12., 3~20면.

15 방송통신위원회 「보도자료: 2019년 사이버폭력 실태조사 결과 발표」, 2020.01.31.

16 "Dignity for All Students Act" http://www.p12.nysed.gov/dignityact/ (2021.02.23. 방문)

17 조윤경·유재웅 「청소년 사이버불링(cyberbullying)에 영향을 미치는 요인」 『한국방송학보』 30권 1호, 2016, 111~136면.

18 라도삼 「엽기의 문화, 엽기의 인터넷: 상업적인 인터넷 문화에 대한 반성과 대안 모색」 『정보사회와 미디어』 2호, 2000, 208~232면.

19 Turkle, S. *Alone together: why we expect more from technology and less from each other*. New York: Basic Books, 2011(한국어판 『외로워지는 사람들: 테크놀로지가 인간관계를 조정한다』, 이은주 옮김, 청림출판 2012).

3부

20 김경년·김재영 「오마이뉴스 독자의견 분석: '난장으로서의 공론장' 가능성 탐색」

『한국방송학보』 19권 3호, 2005, 7~41면.

21 김선호·오세욱·최민재 「댓글 문화 분석」 『미디어이슈』 2권 10호, 2016.

22 김선호·오세욱 「포털 뉴스서비스 및 댓글에 대한 인터넷 이용자 인식 조사」 『미디어이슈』 4권 5호, 2018.

23 홍성수 「혐오 표현의 규제 : 표현의 자유와 소수자 보호를 위한 규제대안의 모색」 『법과사회』 50권 0호, 2015, 287~336면.

24 김학준, "인터넷 커뮤니티 '일베저장소'에서 나타나는 혐오와 열광의 감정동학" 서울대학교 사회학과 석사학위논문, 2014.

25 권김현영·박은하·손희정·이민경 『대한민국 넷페미史: 우리에게도 빛과 그늘의 역사가 있다』, 나무연필 2017.

26 리얼미터가 전국 만 15세 이상 17세 이하 청소년 500명을 상대로 모바일로 조사한 결과이며, 응답률은 2.9%이고, 표본 오차는 95% 신뢰수준 ±4.4%p임. 「혐오 표현에 대한 청소년 인식 조사」 국가인권위원회 2019.05.

27 김지혜 『선량한 차별주의자』, 창비 2019.

28 이승현·이준일·정강자·조혜인·한상희·홍성수 「혐오표현(Hate Speech) 리포트」, 국가인권위원회 2019.

29 박용숙 「혐오 표현에 대한 규제방법의 모색을 위한 시론적 연구」 『법학논총』 38권 2호, 2018, 27~64면.

30 모로오카 야스코 『증오하는 입』, 조승미·이혜진 옮김, 오월의봄 2015.

31 「'인국공 사태'에도 20대 文 지지율 올랐다…3.5%P↑」 『한국경제』 2020.06.29.

32 「'한남충'이 모욕죄? 그럼 맘충·김치녀는?」 『여성신문』 2017.07.27.

33 국가인권위원회 「평등법 시안 설명자료: 평등법 시안 일문일답[Q&A]」, 2020.06.30.

4부

34 「입사하려면 SNS도 조심해야 하는 세상」 『SBS 뉴스』 2012.03.26.

35 「취준생들의 'SNS 엑소더스' 왜?…페이스북 문닫는 청년들」 『중앙일보』 2017.04.16.

36 김종기·김상희 「프라이버시 염려와 정보제공행동 간의 프라이버시 역설에 관한 연구: 프라이버시 계산 이론을 중심으로」 『Entrue Journal of Information

Technology』13권 3호, 2014, 139~152면.

37 김지혜·박서니·나종연「온라인 트래킹에서 소비자 보호 관련 EU, 미국, 한국의
법제도 비교 고찰」『소비자정책교육연구』14권 2호, 2018, 75~103면.

38 https://adssettings.google.com/authenticated?hl=ko

39 Jenkins, H. *Convergence culture. Where old and new media collide*, New York: NYU
Press, 2006(한국어판『컨버전스 컬처: 올드 미디어와 뉴 미디어의 충돌』, 김정희
원 · 김동신 옮김, 비즈앤비즈 2008).

40 Sunstein, Cass R. *Echo Chambers: Bush V. Gore, Impeachment, and Beyond*, Princeton:
Princeton University Press, 2001.

41 엘리 프레이저『생각 조종자들: 당신의 의사결정을 설계하는 위험한 집단』, 이현
숙·이정태 옮김, 알키 2011.

42 황성기「디지털 기본권의 의미와 내용」『헌법학연구』24권 3호, 2018, 1~38면.

43 박홍기 "잊힐 권리와 기사삭제청구권에 관한 연구: 언론피해구제 관점에서" 성
균관대학교 신문방송학과 박사학위논문, 2018.

44 유충호「잊힐 권리의 민사법적 쟁점과 입법론적 연구」『법학논문집』42권 1호,
2018, 111~164면.

45 김양현·정우일「인터넷 신상털기와 관음적 심리」『한국범죄심리연구』9권 3호,
2013, 71~86면.

5부

46 「'포스트-진실' 시대의 뉴스」『경향신문』 2017.02.12.

47 캐럴라인 크리아도 페레스『보이지 않는 여자들』, 황가한 옮김, 웅진지식하우스
2020, 258~260면.

48 서울대학교 언론정보연구소의『반일종족주의』서문에 대한 팩트체크. https://
factcheck.snu.ac.kr/v2/facts/1815 (2021.04.14. 방문)

49 「가짜 동영상 만드는 '딥페이크' 보고도 믿을 수 없는 세상이 왔다?」『사이언스타
임즈』 2018.07.26.

50 박아란「단순 전달자와 미디어 기업 사이, 책임은 어정쩡해: 가짜 뉴스 유통과 플
랫폼의 책임」『신문과 방송』523호, 2017, 18~21면.

51 "From Headline to Photograph, a Fake News Masterpiece" *The New York Times*,

January 18, 2017.

52 리 매킨타이어 『포스트 트루스: 가짜 뉴스와 탈진실의 시대』, 김재경 옮김, 두리반 2019, 46~49면.

53 「"마스크 쓰지 말라니…" 파우치, 트럼프 리트윗에 개탄」 『연합뉴스』 2020.07.30.

54 「가짜뉴스, 진짜보다 리트위트 비율 70% 많고 6배 빨리 확산」 『문화일보』 2018.04.18.

55 염정윤·정세훈 「가짜뉴스 노출과 전파에 영향을 미치는 요인」 『한국언론학보』 63권 1호, 2019, 7~45면.

56 한국언론진흥재단 「실버세대를 위한 미디어 리터러시 실천 매뉴얼」 2019.

6부

57 피에르 레비 『집단지성: 사이버 공간의 인류학을 위하여』, 권수경 옮김, 문학과지성사 2002.

58 찰스 리드비터 『집단지성이란 무엇인가: 우리는 나보다 똑똑하다』, 이순희 옮김, 21세기북스 2009.

59 「"위키피디아 의학정보는 '오류투성이'" 〈英언론〉」 『연합뉴스』 2014.05.28.

60 Antin, J., Yee, R., Cheshire, C., & Nov, O. "Gender differences in Wikipedia editing" *In Proceedings of the 7th international symposium on wikis and open collaboration*, 2011, 11~14면.

61 Steed, R. & Caliskan, A. "Image Representations Learned With Unsupervised Pre-Training Contain Human-like Biases" *arXiv:2010.15052*, 2020.

이미지 정보

16면   Matthew Henry(burst.shopify.com)

31면   Peggy und Marco Lachmann-Anke(Pixabay.com)

37면   Adem AY(Unsplash.com)

56면   Hatice EROL(Pixabay.com)

67면   Harisankar Sahoo(Pixabay.com)

83면   Mirko Grisendi(Pixabay.com)

101면   succo(Pixabay.com)

145면   Luke Chesser(Unsplash.com)

147면   Major Tom Agency(Unsplash.com)

창비청소년문고 40

안전하게 로그아웃

디지털 시민을 위한 미디어 리터러시

초판 1쇄 발행 • 2021년 6월 4일
초판 4쇄 발행 • 2023년 5월 30일

지은이 | 김수아
펴낸이 | 강일우
책임편집 | 이현선
조판 | 황숙화
펴낸곳 | (주)창비
등록 | 1986년 8월 5일 제85호
주소 | 10881 경기도 파주시 회동길 184
전화 | 031-955-3333
팩시밀리 | 영업 031-955-3399 편집 031-955-3400
홈페이지 | www.changbi.com
전자우편 | ya@changbi.com

ⓒ 김수아 2021
ISBN 978-89-364-5240-7 43300